essentials

essentials liefern aktuelles Wissen in konzentrierter Form. Die Essenz dessen, worauf es als „State-of-the-Art" in der gegenwärtigen Fachdiskussion oder in der Praxis ankommt. *essentials* informieren schnell, unkompliziert und verständlich

- als Einführung in ein aktuelles Thema aus Ihrem Fachgebiet
- als Einstieg in ein für Sie noch unbekanntes Themenfeld
- als Einblick, um zum Thema mitreden zu können

Die Bücher in elektronischer und gedruckter Form bringen das Expertenwissen von Springer-Fachautoren kompakt zur Darstellung. Sie sind besonders für die Nutzung als eBook auf Tablet-PCs, eBook-Readern und Smartphones geeignet. *essentials:* Wissensbausteine aus den Wirtschafts-, Sozial- und Geisteswissenschaften, aus Technik und Naturwissenschaften sowie aus Medizin, Psychologie und Gesundheitsberufen. Von renommierten Autoren aller Springer-Verlagsmarken.

Weitere Bände in der Reihe http://www.springer.com/series/13088

Sophia Gesing · Ulrike Weber

Konzept und Berufsbild des Feelgood-Managements

Sophia Gesing
Hamburg, Deutschland

Ulrike Weber
International School of Management
Hamburg, Deutschland

ISSN 2197-6708 ISSN 2197-6716 (electronic)
essentials
ISBN 978-3-658-19355-3 ISBN 978-3-658-19356-0 (eBook)
https://doi.org/10.1007/978-3-658-19356-0

Die Deutsche Nationalbibliothek verzeichnet diese Publikation in der Deutschen Nationalbibliografie; detaillierte bibliografische Daten sind im Internet über http://dnb.d-nb.de abrufbar.

Springer Gabler

Gedruckt auf säurefreiem und chlorfrei gebleichtem Papier

Springer Gabler ist Teil von Springer Nature
Die eingetragene Gesellschaft ist Springer Fachmedien Wiesbaden GmbH
Die Anschrift der Gesellschaft ist: Abraham-Lincoln-Str. 46, 65189 Wiesbaden, Germany

Was Sie in diesem *essential* finden können

- Einführung in das Konzept Feelgood-Management (FGM) und dessen Berufsbild
- Nutzen des Feelgood-Managements für Unternehmen
- Erfolgsfaktoren des Feelgood-Managements
- Feelgood-Management als unternehmerisches Werteverständnis
- Grenzen des Feelgood-Managements außerhalb der Start-up Szene

Einleitung

Glück als Wettbewerbsvorteil.

Dänemark, Norwegen und Schweden zählen zu den glücklichsten Ländern der Welt. Seit Jahren führen diese skandinavischen Länder das Ranking des 'World Happiness Reports' an, welcher jährlich von den Vereinten Nationen herausgegeben wird. Die Studie misst das persönlich empfundene Glück, das im Sinne von Lebenszufriedenheit zu verstehen ist. Dabei sind nicht Gesundheit und Wohlstand die primären Eckpfeiler eines glücklichen Lebens, sondern Solidarität, Vertrauen und Freiheit. Lebenszufriedenheit ist somit das Ergebnis aus Kommunikation und Interaktionen mit Mitmenschen, Wertschätzung und einem erlebten Gemeinschaftsgefühl.

Der Arbeitsplatz als Ort täglicher Kooperation und Kommunikation erhält vor diesem Hintergrund entscheidende Bedeutsamkeit und Relevanz für das eigene Glück. Arbeit nimmt dabei als elementare Säule großen Einfluss auf die Lebenszufriedenheit. Ein positives Arbeitsklima, respektvoller Umgang und vertrauensvolle Beziehungen zu Kollegen machen den Menschen glücklich. Dies äußert sich am Arbeitsplatz durch Freude an der Tätigkeit, Loyalität zum Arbeitgeber, Leistungsorientierung und Erfolgsstreben. Zufriedene Menschen sind nachweislich engagierter und produktiver. Glück gewinnt daher als Wirtschaftsfaktor zunehmend an Bedeutung.

Arbeitgeber realisieren, dass das Wohlbefinden der Mitarbeiter, Wertschätzung sowie eine positive Arbeitsatmosphäre und Unternehmenskultur immer entscheidender für wirtschaftliches Wachstum und nachhaltigen Erfolg werden. Diese Erkenntnis wird zunehmend als strategische Aufgabe der Unternehmensführung gesehen und Wohlfühlen am Arbeitsplatz als neues, ganzheitliches Konzept bewusst eingesteuert und gelebt. Feelgood-Management ist ein innovatives Konzept, das die Etablierung einer wertschätzenden Kultur im Unternehmen anstrebt.

Dieses Buch thematisiert die gesellschaftlichen Grundlagen für Feelgood-Management, die Facetten und Aufgaben des dazugehörigen Berufsbildes sowie die positiven Auswirkungen von Feelgood-Management auf Mitarbeiter und damit auch auf Unternehmen und deren Erfolg. Auch werden die Grenzen des Konzepts und seine mögliche Weiterentwicklung diskutiert.

Inhaltsverzeichnis

1 Megatrends: Herausforderungen für Unternehmen

Die Arbeitswelt befindet sich im stetigen Wandel. Die Bedingungen und Gestaltung der Arbeit der Zukunft sind dabei von langfristigen und tief greifenden Veränderungen in Gesellschaft, Wirtschaft und Technologie geprägt. Diese Einflussgrößen werden als Megatrends bezeichnet. Sie verändern Geschäftsprozesse, das Angebot an Arbeitskräften, den Wert der Arbeit, Kompetenzanforderungen an Mitarbeiter und Ansprüche an Arbeitgeber. Die Antizipation und Kenntnis dieser treibenden Kräfte des Wandels und ihre Auswirkungen sind daher für Unternehmen von strategischer Bedeutung. Oftmals werden Trends zu spät erkannt und das zeitnahe Anpassen an neue Marktanforderungen unterschätzt. Um auch in Zukunft wettbewerbsfähig zu bleiben, müssen sich Unternehmen daher den neuen Herausforderungen stellen und Maßnahmen rechtzeitig einleiten. Die Deutsche Gesellschaft für Personalführung (2015) identifiziert daher alle zwei Jahre im Rahmen ihrer Studie „Megatrends" die arbeitsrelevantesten Veränderungen und zeigt die daraus resultierende Bedeutung für Unternehmen auf.

Vier der wichtigsten Megatrends werden in den folgenden Kapiteln mit ihren wirtschaftlichen Konsequenzen sowie den aktuellen Antworten der Unternehmen auf diese Herausforderungen erläutert. Abb 1.1 stellt die signifikantesten Auswirkungen für Unternehmen aus Sicht von befragten Personalverantwortlichen in der Reihenfolge ihrer Stärke dar. Der Einfluss von Agilität und V.U.C.A. werden in einem zweiten *essential* zu den Chancen von Feelgood-Management in etablierten Unternehmen gesondert dargestellt.

S. Gesing und U. Weber, *Konzept und Berufsbild des Feelgood-Managements,* essentials, https://doi.org/10.1007/978-3-658-19356-0_1

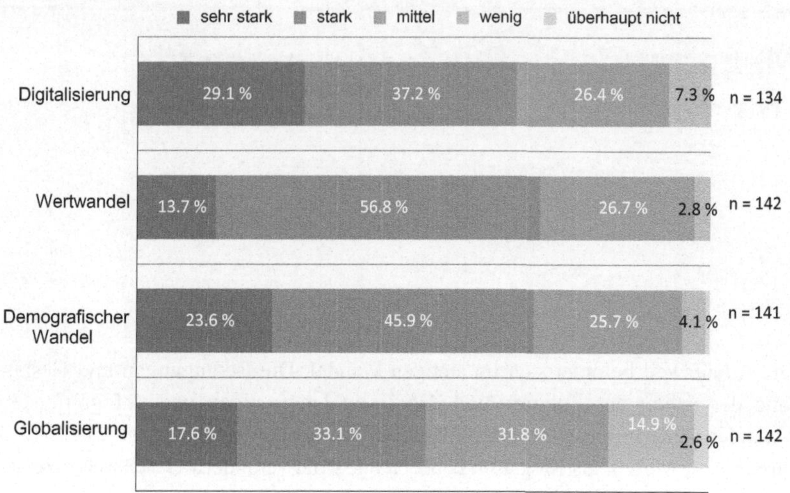

Abb. 1.1 Megatrends und die Stärke ihrer Auswirkung. (Quelle: Eigene Darstellung in Anlehnung an DGFP 2015)

1.1 Digitalisierung

Der erste Trend, der als einer der entscheidendsten Treiber für Unternehmen und Wirtschaft gesehen wird, ist die Digitalisierung oder Industrie 4.0. Sie umfasst nicht nur den verstärkten Einsatz und die Nutzung moderner Informations- und Kommunikationstechniken in Unternehmen, sondern revolutioniert Branchen und Geschäftsmodelle und verändert die Arbeitsteilung zwischen Menschen und Maschinen grundlegend. Cyberphysische Systeme und Social Media können in der Fertigung eingesetzt werden, Maschinen kommunizieren miteinander (Internet of Things) oder Kunden interagieren direkt mit den Produktionseinheiten. Diese neuen Formen der Arbeitsorganisation beeinflussen dabei die Arbeitsqualität und stellen neue Kompetenzanforderungen an Mitarbeiter.

Neben strukturellen Anpassungen sind primär „Vernetzung, Offenheit, Partizipation und Agilität" die zentralen Prinzipien und Erfolgsfaktoren im Zeitalter des Internets und der digitalen Transformation. Um diese im Unternehmen zu integrieren und zu leben, sind Mitarbeiter mit zukunftsorientierten Kompetenzen und Qualifikationen gefragt, die das Erfolgskonzept umsetzen können. Schlüsselkompetenzen wie Innovationsbereitschaft, interdisziplinäres Verständnis, Anpassungsfähigkeit, technologisches Know-how, Eigenmotivation, Flexibilität und soziale

Intelligenz sind daher unerlässlich. Auch die Fähigkeit des lebenslangen Lernens spielt eine wichtige Rolle, da Qualifikationen und Kenntnisse aufgrund des raschen Technikwandel stetig angepasst werden müssen. Die wachsende Bedeutung von erworbenem Wissen und Vernetzung als grundlegendes Kapital sind entscheidende Faktoren und kennzeichnend für unsere heutige Wissensgesellschaft.

Neben den sich verändernden Anforderungen an Mitarbeiter, führt der technologische Fortschritt aber auch zu einer erhöhten Beschleunigung und Verdichtung der Arbeit. Die Belastungen in der Arbeitswelt verschieben sich damit von körperlichen zu primär psychischen Anforderungen und nehmen stetig zu. Dies wird zudem gespeist durch die neuen Kommunikationswege wie das Internet oder das Smartphone. Der daraus resultierende Druck ständiger Erreichbarkeit lässt Grenzen zwischen Privat- und Arbeitsleben verschwimmen (Bundesministerium für Arbeit und Soziales 2015a). Diese Art der Belastung kann langfristig zu Gesundheitsbeschwerden sowie Burn-out, Resignation und Depressivität führen. Hier gilt es aus Sicht der Unternehmen gegenzusteuern.

1.2 Wertewandel

Individualisierung, Gleichberechtigung, Partizipation und Selbstbestimmung prägen die zentralen Wertvorstellungen der heutigen Gesellschaft und formen somit den zweiten Zukunftstrend. Der voranschreitende Wertewandel, definiert als die Veränderung von gesellschaftlichen und soziokulturellen Normen und Einstellungen, reformiert den Stellenwert der Arbeit und die Ansprüche an die Arbeitsgestaltung (Bundesministerium für Arbeit und Soziales 2015a).

Materieller Besitz und monetäres Vermögen verliert zunehmend an Bedeutung. Vielmehr steht das Streben nach postmaterialistischen Werten im Vordergrund. Diese immateriellen Bedürfnisse umfassen Selbstverwirklichung, Freiheit, Glück und Individualität. Die Arbeit hat ihre Bedeutung als ausschließlichen Bestandteil der Lebenssicherung verloren. Die Zeit am Arbeitsplatz ist kostbare Lebenszeit, welche selbstbestimmt und sinnhaft gestaltet sein soll. Daher zählen die Entfaltung der eigenen Persönlichkeit, Leidenschaft, Entscheidungsfreiheit und Autonomie zu den heutigen Motivationsfaktoren. Anstelle ausschließlich materieller Entlohnung steht nun der Wunsch nach Anerkennung, Mitbestimmung und Wertschätzung. Mitarbeiter möchten eigenverantwortlich und flexibel arbeiten, sich am Arbeitsplatz wohlfühlen und für ihre Leistung persönliches Feedback und Ansehen erhalten. Mitarbeiterorientierung, die Reduzierung von Hierarchiestufen und ein wertschätzender Führungsstil sind daher erfolgsentscheidend, um Mitarbeiter zu binden. Eine Studie zum Thema ‚Schöne neue Arbeitswelt' ergab, dass mehr als 60 % der Berufseinsteiger bei arbeitsrelevanten Entscheidungen sich ein stärkeres Mitspracherecht im Unternehmen wünschen (trendence Institut 2014). Diese Befürwortung breiter Mitbestimmung und demokratischer Entscheidungsprozesse beeinflusst dabei auch die Organisationsstruktur, welche Zusammenarbeit und Kommunikation über Bereichs- und Hierarchiegrenzen hinweg organisieren muss.

Zudem prägen Individualisierung und Pluralisierung der Lebensstile die heutige Gesellschaft. Der Wunsch nach Differenzierung und Einzigartigkeit ist verbunden mit einer Distanzierung von konventionellen Strukturen und zeigt sich in der Vielfalt alternativer Familienformen, vielfältiger Lebensgestaltung und dem Wegfall tradierter Regeln und konservativer Ideale (Rump und Eilers 2013). Ferner soll Arbeit und Freizeit sinnvoll ineinander greifen und vereinbar sein. Eine ausgewogene Balance zwischen privaten Interessen und Familie sowie die Erfüllung beruflicher Anforderungen ist für die heutige Gesellschaft von hoher Relevanz. Die Arbeit soll dem Leben angepasst werden, nicht umgekehrt. Diese Wünsche und Anforderungen stellen Unternehmen oft vor große Herausforderungen.

1.3 Demografischer Wandel

Die Zahl der Erwerbstätigen in Deutschland, die 2017 bei 43 Mio. liegt, wird bis 2025 um circa 6,5 Mio. Personen sinken (Bundesagentur für Arbeit 2011). Deutschland verzeichnet eine der niedrigsten Geburtenrate der Welt, die langfristig einen Rückgang des Arbeitskräfteangebots zur Folge hat. Auch steigen das Durchschnittsalter und die Lebenserwartung immer mehr an. Der demografische Wandel beschreibt diese Verschiebung der Altersstruktur in Deutschland sowie das Fehlen von Arbeitskräften, welches auch nicht durch Digitalisierung und den damit prognostizierten Wegfall von Arbeitsplätzen und Zuwanderung ausgeglichen werden kann. Dieser Bevölkerungsrückgang und die Alterung der Gesellschaft stellen Unternehmen somit vor neue Herausforderungen der Personalgewinnung und strategischen Nachfolgeplanung.

Daher treten Unternehmen zunehmend in Wettbewerb um qualifizierte und engagierte Mitarbeiter. Aus diesem Grund verschiebt sich auch die Verhandlungsposition am Arbeitsmarkt vom Arbeitgeber- hin zum Bewerbermarkt. Bewerber können sich oft das für sie passende Angebot aussuchen und haben wenig oder keine Konkurrenz. Arbeitgeber stehen dadurch nicht nur im Wettkampf um High Potentials und Fachkräfte, sondern um alle Mitarbeiter und besonders Nachwuchskräfte – ob Trainee oder gewerblichen Auszubildenden.

Die Alterung der Gesellschaft und Erhöhung des Rentenalters führt auch zu einem Anstieg der älteren Erwerbstätigen im Unternehmen. Eine altersgerechte Arbeitsplatzgestaltung und der Erhalt der Leistungs- und Beschäftigungsfähigkeit sind daher zukunftsweisend. Es gilt, die psychische und physische Leistungsfähigkeit der Mitarbeiter während des gesamten beruflichen Lebenszyklus zu fördern. Die Arbeitsplatzgestaltung soll daher idealerweise körperliche Bewegung und einen Wechsel der psychischen Anforderungen ermöglichen. Darüber hinaus muss die Zusammenarbeit zwischen Generationen durch innovative Arbeitsmodelle gefördert werden. Für Unternehmen ist es überlebensnotwendig, die Balance zwischen der Gewinnung junger Mitarbeiter und der Förderung älterer Beschäftigter zu halten.

1.4 Globalisierung

Zunehmende internationale Verflechtungen in allen Bereichen kennzeichnet die globalisierte Welt. Die Abnahme von Handelsbarrieren, ein kostengünstigerer Transport, Zollabbau, sowie technologischer Fortschritt zum vereinfachten Informationsaustausch begünstigten in den letzten Jahren die Vernetzung von Staaten und Ökonomien.

Unternehmen müssen sich heute im globalen Wettbewerb behaupten und schnell auf mögliche Chancen und potenzielle Risiken reagieren. Dies stellt neue Anforderungen an die Organisationsform, damit sie flexibel und reaktionsschnell reagieren kann. Dynamische Organisationsmodelle mit flacheren Hierarchien und kurzen Entscheidungswegen sind zukünftig erfolgsentscheidende Faktoren, wenn es um die notwendige Steigerung von Innovationskraft, Anpassungsgeschwindigkeit an neue Gegebenheiten und Flexibilität im Rahmen des weltweiten Wettbewerbs geht.

Auch das Angebot an Arbeitskräften wird globaler, die internationale Zusammenarbeit wächst, und die Belegschaft im Unternehmen wird multikultureller. Durch das Zusammenwirken verschiedener Kulturen steigt auch die Heterogenität innerhalb der Belegschaft. Jedes Jahr kommen zwischen 400.000 bis 800.000 qualifizierte Fachkräfte aus dem Ausland nach Deutschland (Bundesagentur für Arbeit 2011). Die Herausforderung für Unternehmen besteht darin, die Bedürfnisse und Interessen unterschiedlicher Generationen und Kulturen zu achten und zu befriedigen, um Produktivität und Motivation zu fördern. Als Resultat kann eine heterogene Zusammensetzung der Belegschaft eine offene und vielseitige Unternehmenskultur stärken und dadurch zu mehr Kreativität und Innovationskraft führen.

1.5 Ganzheitlicher Ansatz zur Bewältigung der Herausforderungen

Die vier genannten Megatrends wandeln die Grundstrukturen der Arbeit und stellen Unternehmen vor neue Herausforderungen, auf die nachhaltig reagiert werden muss. Im Fokus der Bewältigung dieser Veränderungen steht dabei das Human Resources Management (HRM). Als ganzheitliches HRM ist es Bindeglied zwischen Strategie und operativen Tätigkeiten im Unternehmen. Dadurch ist es entscheidend für die Durchführung von Maßnahmen, die diesen Veränderungen erfolgreich begegnen. Wichtige Aufgabenbereiche sind dabei besonders strategische Personalplanung, Employer Branding, Diversity Management, Learning & Development sowie Change Management.

Einige bereits etablierte Maßnahmen in Unternehmen umfassen z. B. das verstärkte Fortbildungsangebot im Umgang mit neuen Technologien und die Nutzung von Social Media. Auch durch die Flexibilisierung von Arbeitszeiten, lebensphasenorientierte Personalentwicklung, die Möglichkeit von Sabbaticals und Homeoffice sowie verstärkten Gesundheitsangeboten kommen die Unternehmen den Ansprüchen der Mitarbeiter entgegen. Die Einführung von altersgemischten Teams, die Förderung von Multikulturalität durch festgesetzte Verhaltenskodizes und interkulturelle Trainings sowie die verstärkte Partizipation von Mitarbeitern im Unternehmen durch flexiblere Strukturen werden angewendet (Deutsche Gesellschaft für Personalführung 2015). Diese Maßnahmen zur Bewältigung der neuen Herausforderungen sind jedoch nur kleine Stellschrauben im Unternehmen.

Kritiker äußern, dass es eines ganzheitlicheren Ansatzes bedarf, welcher alle Bereiche der Arbeit und des Unternehmens umfasst. Die Megatrends und ihre Auswirkungen dürften nicht isoliert betrachtet und nur einzelne Handlungen als Antwort entwickelt werden (Rump und Eilers 2013). Vielmehr geht es um die Bedeutung der Veränderung als strategisches Gesamtkonzept, die Geschwindigkeit des anhaltenden Wandels und die sich daraus ergebenden stetig ändernden Rahmenbedingungen. Um langfristig auf die von Gesellschaft, Wirtschaft und Technologie geprägten Herausforderungen flexibel und erfolgreich reagieren zu können, ist vielmehr ein ganzheitlicher Perspektivwechsel seitens der Unternehmen erforderlich, was ebenfalls mit einem kulturellen Wandel einhergeht. Klassische Organisationsstrukturen, begrenzte Handlungsspielräume, unflexible Arbeitsmethoden und autoritäre Führungsmodelle stoßen verstärkt auf Grenzen und Widerstand. Es müssen neue Denkweisen und Formen des Miteinanders geschaffen werden, um die Unbeständigkeit als auffälligstes Merkmal heutiger

Märkte und Gegebenheiten ganzheitlich, nachhaltig und erfolgreich zu bewältigen. Nur so kann in einem sich rasch verändernden und immer komplexeren Umfeld ein dauerhafter Wettbewerbsvorteil geschaffen und das langfristige Fortbestehen des Unternehmens gesichert werden. Dafür bedarf es eines anspruchsvollen Kulturwandels, der das ganze Unternehmen in seinem Wesen beeinflusst und prägt.

Das Konzept: Feelgood-Management 2

Feelgood-Management als moderner Ansatz mit Fokus auf die Unternehmens- und Führungskultur bietet die Chance und Basis für einen ganzheitlichen Ansatz zur Bewältigung dieser bevorstehenden Herausforderungen. Er ist darauf ausgerichtet, eine werteorientierte Unternehmenskultur zu etablieren oder zu stärken. Sein Ursprung und Prinzipien werden in dem folgenden Kapitel näher erläutert.

2.1 Ursprung des Feelgood-Managements

Feelgood-Management ist ein ganzheitlicher, systematischer Ansatz der Unternehmensführung, der darauf ausgerichtet ist, eine werteorientierte Unternehmenskultur zu etablieren oder zu stärken. Der Begriff setzt sich aus den englischen Wörtern ‚feel-good', welches mit ‚ein Wohlgefühl erzeugend' übersetzt werden kann, und ‚Management' zusammen. Bisher lässt sich in der Fachliteratur keine einheitliche Definition von Feelgood-Management finden, auch die Schreibweise variiert von ‚Feelgood' und ‚Feel-good' zu ‚Feel good'. Im angelsächsischen Sprachraum existiert der Begriff ‚Wellbeing Management', welcher ein verwandtes, aber unterschiedliches Konzept beschreibt, das im zweiten *essential* zu Feelgood-Management genauer beschrieben wird. In Deutschland ist jedoch das Wort und die Schreibweise ‚Feelgood-Management' gebräuchlicher. An die Wortherkunft angelehnt, lässt sich Feelgood-Management als ‚Wohlfühlführung' und Handhabung einer ‚Wohlfühlkultur' im Unternehmen verstehen.

Feelgood-Management manifestierte sich erstmals im Jahr 2012 und wurde von deutschen Start-ups angewandt. Die Start-ups Jimdo, ein Internet-Dienstleistungsunternehmen, und Spreadshirt, eine Plattform zur Gestaltung eigener T-Shirts, zählen mit zu den ersten Initiatoren (Eisold 2016). Diese Unternehmen

S. Gesing und U. Weber, *Konzept und Berufsbild des Feelgood-Managements,* essentials, https://doi.org/10.1007/978-3-658-19356-0_2

verfolgten das Ziel, ihre mitarbeiterorientierte und innovative Gemeinschaftskultur aus der Gründungsphase in die Wachstumsphase zu übertragen. Während dieses Übergangs besteht die Gefahr, dass ein familiäres Wir-Gefühl in Anonymität übergehen kann. Die Beibehaltung des Wir-Gefühls ist jedoch wichtig, da es das menschliche Grundbedürfnis nach Zugehörigkeit befriedigt und einen einheitlichen Wertekanon schafft. Dies hilft Unternehmen, die Herausforderungen der Zukunft wie Volatilität und Komplexität im Markt zu meistern. Ein gemeinschaftliches, familiäres Wir-Gefühl bildet durch den Fokus auf die zwischenmenschlichen und ‚fühlenden' Seite eines Unternehmens die Grundlage für die notwendige, schnelle Anpassungsfähigkeit im Unternehmen (Prosch 2016).

2.2 Definition des Feelgood-Managements

Feelgood-Management ist ein Konzept der Arbeitswelt 4.0 und thematisiert, wie ein Unternehmen seine Rahmenbedingungen und Unternehmenskultur gestalten muss, um optimale Arbeits- und Lernbedingungen zu schaffen. Es gilt, nachhaltig und zukunftsorientiert effizientes Arbeiten vor dem Hintergrund stetigen Wandels zu ermöglichen. Das Konzept konzentriert sich auf Mitarbeiter und ihre Kollaboration. Feelgood-Management hat die Menschen in Organisationen als oberstes Ziel (GOODplace 2016b). Die Mitarbeiter werden nicht ausschließlich nach ihrer Leistung oder ihrem Potenzial bewertet und darauf aufbauend als High Potentials oder Key Performer betrachtet. Zwar erbringen sie notwendige Leistung, sind aber primär Menschen mit unterschiedlichen Persönlichkeiten, Wünschen, Vorlieben und Bedürfnissen. Als Erfolgsfaktor für das Unternehmen gilt es daher, die Persönlichkeiten, Bedürfnisse und individuellen Stärken aller Mitarbeiter zu berücksichtigen, individuelle Potenziale zu fördern und ein kooperatives Zusammenarbeiten zu ermöglichen. Bei den Bedürfnissen der Mitarbeiter als Grundlage für Motivation sei beispielhaft auf Motivationstheorien wie die ERG-Theorie (Existence-Relatedness-Growth) von Alderfer verwiesen, die zwischenmenschliche Beziehungen (Relatedness) als eine der drei Bedürfniskategorien von Menschen identifiziert. Ebenso die Theorie von McClelland, nach der die menschliche Motivation das Bedürfnis nach Zugehörigkeit (Affiliation) umfasst, sei hier genannt. Auch bei neueren Theorien, wie dem aus dem Neuroleadership stammenden SCARF-Modell, spielt – wie schon bei McClelland und Alderfer – das Bedürfnis nach Zugehörigkeit (Relatedness) eine zentrale Rolle.

Um sich dieser Bedürfnisse anzunehmen und um sie zu befriedigen, wird im Rahmen des Feelgood-Managements versucht, eine werteorientierte, wertschätzende und wohlfühlstiftende Unternehmenskultur zu etablieren (Berufsverband

Feel Good Management 2015). Denn nur Mitarbeiter, die sich im Unternehmensumfeld wohlfühlen, können ihr gesamtes Potenzial entfalten und stressfrei arbeiten. Sie sind motivierter, engagierter und identifizieren sich stärker mit dem Unternehmen und seinen Zielen (StepStone Deutschland GmbH 2013). Diese Grundvoraussetzung ist essenziell, um auch zukünftig in einem dynamischen, sich permanent verändernden Umfeld Mitarbeiter zu haben, die produktiv, kreativ und eigenverantwortlich arbeiten. Zudem fördert eine wertschätzende, offene Atmosphäre den Kommunikationsfluss der Kollegen untereinander sowie die Vernetzung über Abteilungsgrenzen hinweg. Dadurch werden täglich neue Inspirationen und Impulse für die eigene Arbeit erzielt. Sich als Unternehmen um seine Belegschaft zu kümmern, ist zentraler Ansatzpunkt für langfristige Motivations-, Loyalitäts- und Produktivitätssteigerung (Institut für Arbeitsmarkt- und Berufsforschung 2016).

Die Gestaltung dieser Wohlfühl-Unternehmenskultur ist die zentrale Aufgabe des Feelgood-Managements. In Anlehnung an das 7-S Modell von McKinsey, versucht das Feelgood-Management-Konzept weniger die „harten“ oder „kalten“ Faktoren im Unternehmen wie Strukturen und Systeme als erstes zu verändern. Vielmehr wandelt es die *Perspektive* eines Unternehmens auf Führung und Arbeit und nimmt Einfluss auf die „weichen“ oder „warmen“ Faktoren wie Unternehmenskultur („style“ im 7-S Modell). Das Modell von McKinsey unterliegt auch der Prämisse, dass eine Änderung in einer der 7 Kernvariablen (7-S) eines Unternehmens stets Änderungen in den anderen Variablen mit sich zieht. Demnach resultiert der Wandel der Unternehmenskultur im Rahmen des Feelgood-Managements auch in Veränderungen der Organisationsstruktur und Arbeitsmethoden.

Feelgood-Management nimmt bewusst Einfluss auf die Determinanten der Unternehmenskultur und des Konstruktes „Wohlbefinden“. Dazu zählen die Manifestierung von Werten wie Respekt, Gemeinschaft und Anerkennung sowie die strukturelle Gestaltung von Arbeitsplatz und -umfeld, Kommunikationskanälen und Zusammenarbeit. Wie viele Studien zeigen, zeichnet sich eine positive Arbeitskultur durch aktiven Teamgeist, Wertschätzung und Gemeinschaft aus (Badura et al. 2016). Daher bilden sich bei Feelgood-Management auch inhaltliche Schnittstellen zu Personalmanagement, Unternehmensstrategie und -kommunikation, Marketing, Office-Management und dem Betrieblichen Gesundheitswesen. Vorwiegend etablierte Unternehmen, die der Start-up Phase entwachsen sind, haben diese Überschneidungs-Bereiche oftmals bereits seit Jahren institutionell verankert. Feelgood-Management hat deshalb nicht zum Ziel, die bereits existierenden Funktionsbereiche zu ersetzen, sondern ist bestrebt, Synergien mit ihnen bilden. Jedoch in kleineren oder jüngeren Unternehmen, die bestimmte Inhalte und Ansatzpunkte, wie z. B. das Betriebliche Gesundheitswesen noch nicht institutionalisiert haben, kann Feelgood-Management viele der Aufgaben abbilden und eine große Anzahl der Themen zentral vereinen. Zudem könnte Feelgood-Management auch für die Abteilungen, die bereits mit den Themen des Feelgood-Managements im Unternehmen eine Schnittstelle haben, eine konkrete Anlaufstelle sowie strategischer Dreh- und Angelpunkt für die Verankerung des Ansatzes im Unternehmen sein.

Die Sensibilisierung für das Thema Wohlbefinden am Arbeitsplatz und eine positive Unternehmenskultur ist jedoch keine grundlegend neue Idee. Die Wissenschaft der Positiven Psychologie ist eine seit den 90er-Jahren in den USA begründete Strömung der Psychologie, die sich mit den Phänomenen, wie Glück, Vertrauen, Optimismus und Solidarität beschäftigt. Die aus Studien und Forschung gewonnenen Erkenntnisse werden seitdem in der Unternehmenspraxis genutzt. Auch der Managementansatz des in angelsächsischen Ländern bekannten ‚Corporate Happiness Leadership', das im zweiten *essential* weiterführend thematisiert wird, geht auf die Positive Psychologie zurück. Dieser wissenschaftlich fundierte Ansatz beruht, wie auch Feelgood-Management, auf der Überzeugung, dass die Berücksichtigung der Bedürfnisse der Mitarbeiter Produktivität und finanziellen Unternehmenserfolg steigern.

Feelgood-Management versucht, die reguläre Arbeitszeit im Büro angenehm und dadurch produktiv zu gestalten. Mitarbeiter sollen aber auch ein ausgewogenes Verhältnis zwischen produktiver Arbeitszeit und Erholung haben. Zudem werden persönliche Verteilzeiten zur Erfüllung privater Bedürfnisse respektiert und Mitarbeiter nicht durch massive Verdichtung der Arbeit innerhalb eines vorgegeben Rahmens zusätzlich belastet. Feelgood-Management legt auch die Grundlagen für ein Unternehmensklima, in dem Überstunden weder implizit gefordert werden, noch automatisch mit dem Grundgehalt abgegolten sind. Überstunden sollen eher die Ausnahme als die Regel darstellen. Daher achtet ein Feelgood-Manager auch darauf, dass Mitarbeiter nicht länger als die erforderliche Arbeitszeit im Büro verbringen. Falls dies nun doch vorkommen sollte, wird sich nach den Ursachen erkundigt und versucht, diesen entgegenzuwirken.

Nutzen des Feelgood-Managements für Unternehmen

3

Investitionen in Feelgood-Management lohnen sich für Unternehmen. Sowohl aus betriebswirtschaftlicher Sicht, als auch aus der Perspektive der Kommunikations-, Vernetzungs- und Innovationssteigerung. Nachfolgend werden die Zusammenhänge zwischen einer etablierten Wohlfühlkultur und den daraus resultierenden positiven Effekten für das Unternehmen dargestellt.

3.1 Wirtschaftliche Bedeutung von Wohlbefinden am Arbeitsplatz

Die Relevanz von Feelgood-Management wird deutlich, wenn Kennzahlen herangezogen werden, die aufzeigen, was passieren kann, wenn eine positive Unternehmenskultur nicht ausreichend ausgeprägt oder nicht in allen Bereichen des Unternehmens verankert ist.

Dies beleuchtet eine Studie des Bundesministeriums für Arbeit, die die Beweggründe für einen Jobwechsel bei Mitarbeitern untersuchte (Bundesministerium für Arbeit und Soziales 2015b). Demnach denkt jeder siebte Arbeitnehmer zwischen einmal wöchentlich und einmal im Jahr über einen Wechsel des Arbeitgebers nach. Als primärer tatsächlicher Kündigungsgrund wurde von den Befragten ein vorherrschendes schlechtes Arbeitsklima genannt, welches hauptsächlich durch fehlende Wertschätzung und Anerkennung von Kollegen und Vorgesetzten hervorgerufen wird. Denn es sind vor allem die Arbeitsbedingungen, Führungskultur und die Identifikation mit der Unternehmenskultur, die neben finanziellen Anreizen entscheidend sind für die Loyalität von Mitarbeitern (Leuphana Universität Lüneburg 2012). Sind die elementaren Bedingungen wie ein angemessenes Grundgehalt erfüllt, spielen neben der Arbeitszufriedenheit die emotionale Verbundenheit mit dem Arbeitgeber (Commitment) und besonders die Begeisterung bei der

S. Gesing und U. Weber, *Konzept und Berufsbild des Feelgood-Managements,* essentials, https://doi.org/10.1007/978-3-658-19356-0_3

Arbeit (Engagement) eine große Rolle bei der Entscheidung zu bleiben oder zu gehen (Towers Watson 2014). Unternehmen sollten daher bestrebt sein, gerade diese Faktoren zu begünstigen und zu fördern.

Auch werden die Beziehungen zu Vorgesetzten und Kollegen sowie Vertrauen in das Management mit zunehmenden Alter für Mitarbeiter und ihre Entscheidung, bei einem Unternehmen zu bleiben, immer wichtiger (Towers Watson 2014). In Verbindung mit der demografischen Entwicklung und dem steigenden Alter der Arbeitnehmer ein weiteres, gutes Argument für Feelgood-Management.

Denn eine hohe Fluktuationsrate schadet einem Unternehmen finanziell erheblich. Arbeitgeber müssen je nach Position mit Kosten von durchschnittlich 150 % eines Jahresgehaltes rechnen, wenn ein Arbeitnehmer mit seinem Wissen das Unternehmen verlässt. Diese Zahl beinhaltet die direkten Kosten der Neubesetzung der Stelle wie z. B. Ausgaben für Stellenausschreibungen und Training, als auch die indirekten Kosten wie Einarbeitungsaufwand durch Kollegen sowie eine geringere Produktivität des betroffenen Bereichs durch unbesetzte Positionen (SHRM 2017). Einige dieser Kosten können zwar gut beziffert werden, die Unruhe jedoch, die in Teams durch häufige Wechsel entsteht, nicht. Diese Kosten sind oftmals wesentlich teurer für Unternehmen in Form von sinkendem Engagement als die direkten finanziellen Aufwendungen.

Unternehmen sind grundsätzlich darauf ausgerichtet, Profit zu erwirtschaften. Nicht-profitorientierte Organisation hingegen wie Verwaltungen, Verbände oder Nichtregierungsorganisationen (NGO) sind primär bestrebt, möglichst effektiv und effizient zu arbeiten. Unabhängig von der zentralen Unternehmensabsicht sind für die Produkt- oder Prozessgestaltung vor allem Mitarbeiter und ihr Know-how als „Human Capital" entscheidend für den Unternehmenserfolg. Ihnen kommt eine zentrale Schlüsselrolle in der Herstellung des Leistungsspektrums eines Unternehmens oder einer Organisation zu. Die Qualität der Leistung eines Mitarbeiters ist dabei bestimmt von der Arbeitszufriedenheit, der empfundenen Identifikation mit dem Unternehmen (Commitment) sowie der Begeisterung für die Arbeit (Engagement). Das „Können, Wollen und Dürfen der Mitarbeiter" ist entscheidend. Die Zusammenhänge und Wirkungsbeziehung zwischen einer positiven Unternehmenskultur, Zufriedenheit, produktiven Mitarbeitern und daraus resultierender Profitsteigerung des Unternehmens zeigen die folgenden Kapitel auf (siehe Abb. 3.1).

3.1.1 Mitarbeiterzufriedenheit

Arbeitszufriedenheit ist ein zentrales Konstrukt der Arbeits- und Organisationspsychologie, welches die Einstellung eines Mitarbeiters hinsichtlich seiner Arbeit widerspiegelt (Kanning und Staufenbiel 2012). In der Fachliteratur wird

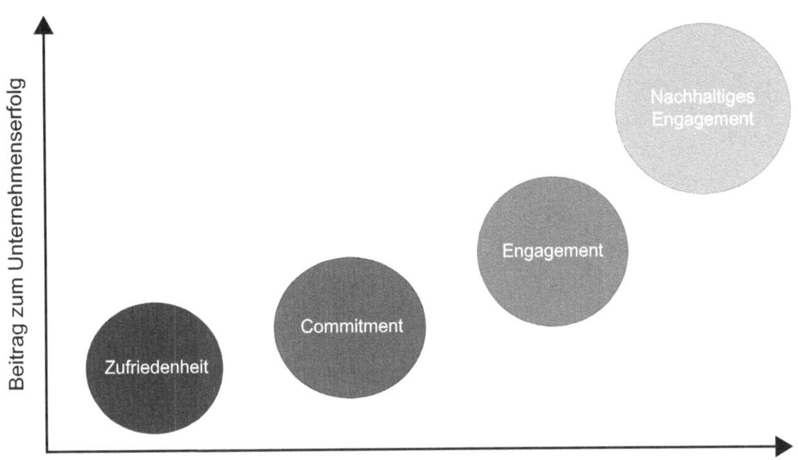

Abb. 3.1 Beziehung zwischen Mitarbeiterzufriedenheit und Unternehmenserfolg. (Quelle: Eigene Darstellung in Anlehnung an Towers Watson 2012)

grundsätzlich zwischen Zufriedenheit als emotionalem Zustand und Zufriedenheit als Ergebnis eines kognitiven Prozesses unterschieden. Die emotionale (affektive) Sichtweise definiert Arbeitszufriedenheit als angenehmen Gefühlszustand, welcher durch die emotionale Bewertung der Arbeitssituation entsteht. Zufriedenheit als kognitives Urteil ist das Ergebnis eines Soll-Ist-Vergleiches von Merkmalen der derzeitigen Arbeitssituation, wie z. B. der tatsächlichen Länge der Fahrtzeit zum Arbeitsplatz und den erwünschten arbeitsrelevanten Bedingungen.

Die Faktoren, welche die Haltung zur Arbeit beeinflussen, umfassen u. a. das Kollegenverhältnis, Führungsstil, Arbeitsbedingungen, Autonomie am Arbeitsplatz, Grundgehalt und Karrieremöglichkeiten. Diese Facetten führen bei positiver Ausprägung zu Arbeitszufriedenheit. Und was führt zu einer positiven Ausprägung dieser Facetten? Ein unterstützendes und gemeinschaftliches Verhältnis zu allen Mitgliedern der Organisation, ein partizipativer und wertschätzender Führungsstil, störungsfreie Arbeitsbedingungen, individuelles Eingehen auf die Bedürfnisse der Mitarbeiter und die Möglichkeit, eigenverantwortlich zu arbeiten. Entscheidende Evaluationskriterien sind also die weichen Faktoren wie der Umgang miteinander, Wertvorstellungen und das Arbeitsklima. Diese sind von der in einem Unternehmen vorherrschenden Summe gemeinsamer Normen, Werte und Grundhaltungen geprägt – der Unternehmenskultur.

Feelgood-Management schafft diese Rahmenbedingungen eines anerkennenden und vertrauensvollen Arbeitsklimas. Und es wirkt sich durch Schaffen von Arbeitszufriedenheit positiv auf die Motivation, Leistungsbereitschaft sowie das Commitment und Engagement der Mitarbeiter aus. Und woran erkannt man nun, dass Mitarbeiter zufrieden und motiviert sind? Sinngemäß trifft die Metapher zu, dass man motivierte Mitarbeiter daran erkennt, dass Sie auf dem Weg zur Arbeit pfeifen und nicht auf dem Weg nach Hause. Eine Feelgood-Managerin beschreibt deshalb Feelgood-Management als professionell eingeführt und erfolgreich verankert, wenn „Mitarbeiter gern zur Arbeit kommen" (Steinmetz 2016).

3.1.2 Commitment und Engagement

Mitarbeiterzufriedenheit ist Voraussetzung für hohes Commitment und ein starkes Engagement beim Mitarbeiter. Denn Arbeitnehmer, die mit den Arbeitsbedingungen und dem gelebten Wertesystem zufrieden sind, stehen auch hinter dem Unternehmen und haben Freude am Arbeiten.

Commitment beschreibt den Grad der Verbundenheit von Mitarbeitern zu ihrem Arbeitgeber. Grundsätzlich lässt sich die subjektiv empfundene Zugehörigkeit der Arbeitnehmer zum Unternehmen in instrumentelles, normatives und affektives Commitment unterteilen (Meyer und Allen 1991). Instrumentelle oder auch kalkulatorische Verbundenheit herrscht vor, wenn Mitarbeiter lediglich dem Arbeitgeber loyal sind, da aus Mitarbeitersicht ansonsten die Kosten des Verlassens eines Unternehmens die Kosten des Akzeptierens der derzeitigen Situation übersteigen würden (Nerdinger et al. 2014). Diese Form charakterisiert klassischen Dienst nach Vorschrift und führt dazu, dass Mitarbeiter bereits innerlich gekündigt haben könnten. In Deutschland betrifft dies laut einer jährlichen Befragung des Markt- und Meinungsforschungsunternehmens Gallup 84 % der Arbeitnehmer (Gallup 2016). Im Gegensatz dazu steht das normative Commitment, welches das Gefühl einer ethischen und moralischen Verpflichtung gegenüber dem Arbeitgeber definiert. Bindungsgründe können z. B. die getätigten Investitionen seitens des Unternehmens in Aus- und Weiterbildung sein. Affektives Commitment dagegen beschreibt die hohe emotionale Bindung und Identifizierung der Mitarbeiter mit dem Unternehmen, seinen Zielen und dem dort gelebten Wertesystem. Diese Art der Verbundenheit schafft höchstes Leistungsniveau und Freude bei der Arbeit. Mitarbeiter sind leistungsorientiert und verzeichnen circa 40 % weniger Fehlzeittage im Gegensatz zu Mitarbeitern ohne Bindung (Gallup 2016). Dies ist betriebswirtschaftlich von hoher Bedeutung, da ein Fehltag eines Arbeitnehmers zu hohen Kosten führen kann.

Einsatzbereitschaft, Hingabe und Konzentration bei der Arbeit beschreibt den Zustand hohen Engagements als zweites Resultat von Mitarbeiterzufriedenheit. Dieses Konzept intrinsischer Motivation geht einher mit affektivem Commitment, denn wenn Mitarbeiter sich emotional dem Unternehmen verbunden fühlen, sind sie auch bereit, zum Unternehmenserfolg beizutragen. Eine Ausprägung von Engagement ist der reibungslose interne Arbeitsfluss, der auch Flow genannt wird. Dieses von Csikszentmihalyi beschriebene Flow-Erleben resultiert aus einer genauen Balance zwischen Anforderungen und eigenen Fähigkeiten. Intrinsische Motivation, ein hohes Maß an Energie, vollständige Konzentration auf die Tätigkeit und das Verschmelzen von Selbst und Aufgabe sind sowohl Kennzeichen dieses Handlungsablaufes als auch von hohem Engagement. Trotz starker Produktivitätssteigerung und Leistungsstreben bleiben Mitarbeiter dabei physisch und psychisch gesund und sind zudem bestrebt, in der Position und bei dem Arbeitgeber zu bleiben.

3.1.3 Nachhaltiges Engagement und Profitsteigerung

Das Zusammenspiel aus Arbeitszufriedenheit, affektivem Commitment und einem hohen Engagement führt zu nachhaltigem Engagement, welches entscheidend ist für die Steigerung des Unternehmenserfolgs. Es beschreibt befähigte und engagierte Mitarbeiter, die dadurch produktiver, leistungsorientierter und loyaler sind. Der Erfolg des Feelgood-Managements ist auch ersichtlich daran, dass viele Mitarbeiter dennoch im Büro arbeiten, obwohl Homeoffice möglich wäre (Steinmetz 2016). Mitarbeiter gehen die berühmte ‚Extrameile', ‚discretionary effort' im Englischen genannt, und arbeiten mit Freude über die geforderten Anforderungen hinaus. Unternehmen mit nachhaltig engagierten Mitarbeitern können eine bis zu dreifach höhere Umsatzrendite verzeichnen (siehe Abb. 3.2).

Jedes Unternehmen sollte daher bestrebt sein, Mitarbeiterzufriedenheit als Grundvoraussetzung zu schaffen. Feelgood-Management liefert die passenden Rahmenbedingungen und ist somit ein wichtiger, zukunftsweisender Bestandteil des Unternehmens auf dem Weg zur Steigerung des Unternehmenserfolgs (Prosch 2016).

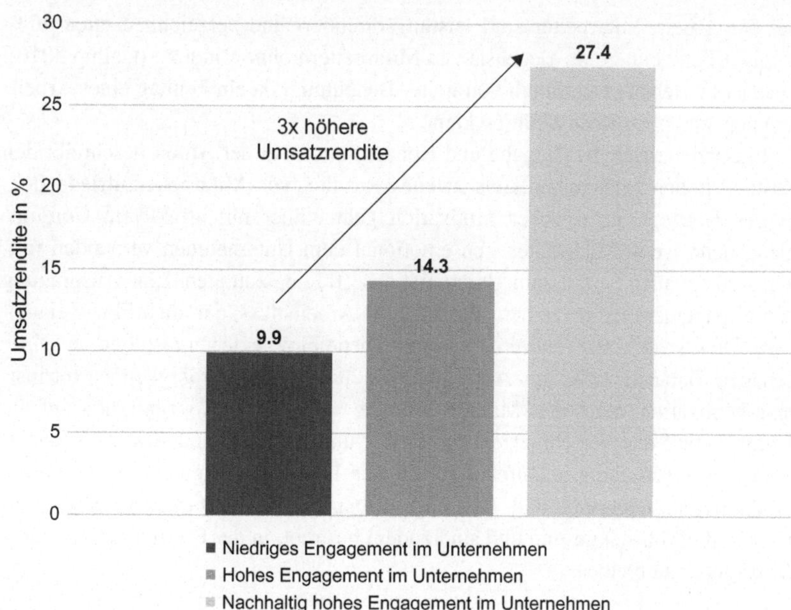

Abb. 3.2 Steigerung der Umsatzrendite durch hohes Mitarbeiterengagement. (Quelle: Eigene Darstellung in Anlehnung an Towers Watson 2012)

3.2 Steigerung der Arbeitgeberattraktivität

Feelgood-Management hat auch maßgeblichen Einfluss auf die Arbeitgeberattraktivität. Im heutigen Wettbewerb um qualifizierte Mitarbeiter müssen sich Unternehmen am Arbeitsmarkt attraktiv positionieren. Extrinsische Faktoren allein, wie z. B. ein gutes Grundgehalt, sind nicht mehr ausreichend, um besonders junge Bewerber anzusprechen und zu überzeugen. Ein angenehmes Arbeitsumfeld und ein wertschätzendes Führungsverhalten werden immer wichtiger. Eine Umfrage der Universität Bamberg zusammen mit der Stellenbörse Monster ergab, dass 94 % der heutigen Bewerber ein positives Arbeitsklima noch vor Karrierechancen und Arbeitszeiten favorisieren (Weitzel et al. 2015).

Die Wohlfühl-Unternehmenskultur kann dem Arbeitskräftemangel entgegenwirken, denn sie bietet potenziellen Bewerbern einen Mehrwert. Im Rahmen des Employer Brandings, dem Aufbau und der Positionierung einer Arbeitgebermarke, wirkt das Unternehmen durch Feelgood-Management als integralem Bestandteil der Firmenkultur im Gegensatz zu anderen Arbeitgebern interessanter und attraktiver. Die auf Plattformen wie Kununu veröffentlichten Arbeitgeberbewertungen von Feelgood-Unternehmen liegen weit über dem Branchendurchschnitt. Zudem wird auch Empfehlungsmarketing verstärkt betrieben. Die Anzahl an qualitativ hochwertigen Bewerbern steigt, und Kandidaten bewerben sich trotz Absage immer wieder bei den jeweiligen Unternehmen. Vor dem Hintergrund der rückläufigen Bewerberzahlen und dem Wandel vom Arbeitgeber- zum Arbeitnehmermarkt, ist Feelgood-Management ein effektives Mittel, um nachhaltig die Besetzung von Positionen mit qualifizierten Bewerbern zu stärken.

3.3 Wissensaustausch und Innovation

Feelgood-Management leistet ebenfalls einen Beitrag zur innerbetrieblichen Vernetzung sowie zum hierarchie- und funktionsübergreifenden Wissensaustausch. Die klassischen Organisationsstrukturen wie Abteilungen oder unterschiedliche Hierarchiestufen bestehen zwar noch, werden aber durch ein neues Gemeinschaftsgefühl auf ein Minimum reduziert. Feelgood-Management schafft intrinsische Anreize zur Zusammenarbeit, die – im Sinne der Organisationslehre – auch die Governance (Koordination und Kontrolle) Kosten reduzieren können (Laux und Liermann 2005). Das neue Miteinander zeigt sich daran, dass Mitarbeiter sich während der Arbeitszeit nicht als Rivalen begegnen, sondern als vertrauensvolle Kollegen und auch als Freunde. Informelles Kennenlernen und Austausch über berufliche sowie private Themen sind erwünscht und werden gefördert, da es Vertrauen schafft (Prosch 2016). Dadurch wird hierarchieunabhängig auf Augenhöhe kommuniziert, was einen respektvollen Umgang miteinander im Unternehmen stärkt. Internes Konkurrenzdenken wird deutlich verringert und stattdessen wird Zusammenarbeit geschätzt. Alle verfolgen das gleiche Ziel, arbeiten nicht gegeneinander und helfen sich bei arbeitsrelevanten Problemen und Lösungsfindungen.

Dieser verstärkte Austausch untereinander schafft zusammen mit dem Gefühl des Vertrauens und Wohlbefindens neue Impulse und Sichtweisen und führt daher zu mehr Innovation und Kreativität (Naumann 2014). Eine Metastudie zeigt, dass zufriedene Mitarbeiter über dreimal mehr Kreativität verfügen (Lyubomirsky et al. 2005). Eine positive Unternehmenskultur steigert die Risikofreudigkeit und regt Einfallsreichtum an. Es entstehen neue, mutigere Ideen, die Unternehmen voranbringen. Mitarbeiter brechen bewährte Denkmuster auf und gehen neue

Wege. Zudem hinterfragen Mitarbeiter ihre Arbeit selbstkritischer und realisieren eigenständig Verbesserungspotenzial. Feelgood-Management schafft die Basis für Freiraum und Vertrauen. Durch unterstützende und kreative Methoden wie Brainstorming und Mindmapping sowie einer harmonischen Gestaltung von Räumlichkeiten, wird freies Denken ermöglicht und Raum für neue Ideen gegeben. Auch ist dieser verstärkte Austausch untereinander Wissenserwerb und organisatorische Verankerung des Wissens im Sinne der „Learning Organization" und trägt somit zum Erfolg eines Unternehmens bei.

Das Berufsbild: Feelgood-Manager 4

Wie zum Beispiel das Qualitäts- oder Umweltmanagement, hat auch das Feelgood-Management eine zentrale organisatorische Einbindung im Unternehmen. Das Berufsbild des Feelgood-Managers und seine Facetten werden in den nächsten Kapiteln dargestellt und die organisatorische Einbindung der Position im Unternehmen thematisiert.

4.1 Einführung im Unternehmen

Eine designierte Position im Unternehmen speziell für Feelgood-Management einzurichten ist oft ein „joint venture" von Geschäftsführung und Mitarbeitern. Der Impuls für solch eine Position kommt meist nicht nur aus einer Richtung als Impuls von oben (Top-down) oder von den Mitarbeitern (Bottom-up), sondern reflektiert bereits den angestrebten wertschätzenden Umgang miteinander auf Augenhöhe.

Entscheidend ist die Haltung und Einstellung der Geschäftsführung oder der Organisationsleitung, die glaubwürdig die Auffassung vertreten muss, dass ein Wohlfühlumfeld während der Arbeitszeit für alle Mitarbeiter und Entscheider im Unternehmen erstrebenswert ist. Am ehesten ist diese Entwicklung derzeit in Pionierunternehmen wie jungen Start-ups zu beobachten, die sich durch flache Hierarchien, ein niedriges Durchschnittsalter der Mitarbeiter, und einer positiven Einstellung zu Werten wie Work-Life-Balance auszeichnen. Aber die Organisationsform ist nicht ausschlaggebend, sondern vielmehr die Einstellung der Geschäftsführung und Unternehmenskultur. Generell erfordert das Bekenntnis der Geschäftsleitung zu einem Wohlfühlumfeld eine außergewöhnliche Offenheit und

S. Gesing und U. Weber, *Konzept und Berufsbild des Feelgood-Managements*, essentials, https://doi.org/10.1007/978-3-658-19356-0_4

eine Priorisierung der Bedürfnisse der Mitarbeiter als höchstes Gut (Wiedeking 2015). Das Initiieren von Feelgood-Management aus dem Impuls der Unternehmensführung heraus ist momentan noch eher typisch für die Start-up-Szene, aber auch andere Unternehmen teilen die grundlegenden Auffassung, dass die Arbeitnehmer sich am Arbeitsplatz wohlfühlen sollen. Dies wird jedoch unterschiedliche umgesetzt.

In vielen Fällen wird das Thema Feelgood-Management von Mitarbeitern, die das Thema sehr positiv und als Bereicherung sehen, im Unternehmen vorangetrieben und die Einrichtung einer Position dafür initiiert. Mitarbeiter sehen häufig als Erste den Nutzen des Konzeptes und erachten Feelgood-Management als notwendig für das Unternehmen. Oft sind es Teamleiter, Assistenzen der Geschäftsleitung und Personalverantwortliche, die Initiatoren und Fürsprecher des Feelgood-Managements sind. Und es ist nicht unüblich, dass ein Fürsprecher für das Thema bei der Geschäftsführung auch der erste designierte Feelgood-Manager wird.

Der Anstoß des kulturellen Veränderungsprozesses kann daher eher als Bottom-up-Entwicklung beschrieben werden. Jedoch bedarf es immer eines Managements, das hinter dem Konzept steht. Feelgood-Management soll nicht nur genehmigt und unterstützt werden, sondern muss als Unternehmens- und Kulturansatz in allen Bereich glaubhaft und nachhaltig verankert werden.

4.2 Jobprofil

Feelgood-Manager verantworten, gestalten und treiben das Thema Feelgood-Management und seine Ausprägungen im Unternehmen an. Mit Beginn der Initialisierung des Berufsbildes im Jahr 2013 steigt die Anzahl der Feelgood-Manager stetig. Im Jahr 2013 gab es geschätzt nur eine „Handvoll" Feelgood-Manager (Maas 2013). Binnen eines Jahres bis Ende 2014 hat sich die Anzahl der Positionen mit dieser Berufsbezeichnung in Deutschland dann jedoch auf 50 gesteigert (Esche 2014). Vor dem Hintergrund des schnellen Zuwachses an Popularität entwickelte das Fraunhofer Institut für Arbeitswirtschaft und Organisation zusammen mit GOODplace bereits im Jahr 2013 das erste Jobprofil dieses neuen Berufes, welches Kompetenzen, Aufgaben und die Rolle des Feelgood-Managers beschreibt (Fraunhofer-Institut für Arbeitswirtschaft und Organisation 2013). Im Juli 2015 wurde auch der erste Berufsverband ‚Feel Good Management e. V.' gegründet. Dieser Schritt zeigt, dass Feelgood-Management und das dazugehörige Berufsbild eine nachhaltige und zukunftsorientierte Relevanz hat. Als eingetragener Verein hat der Berufsverband die Zielsetzung, das neue Berufsbild zu verbreiten, zu etablieren und zu professionalisieren.

Der Beruf Feelgood-Manager hat ähnlich wie Coach, Berater und Mediator noch keine geschützte Berufsbezeichnung. Da es derzeit keine gesetzlichen Regelungen zu einer festgelegten Ausbildung gibt, unterscheiden sich auch die jeweilige Auffassung und das Verständnis dessen, was das Berufsbild beinhaltet sowie die Qualität der Feelgood-Manager. Als professionelle Darstellung und erste Definition und Anforderungen des Berufsbilds hat sich das vom Fraunhofer Institut entwickelte Jobprofil erwiesen.

Feelgood-Manager gestalten, verbessern, pflegen und bewahren die positive Unternehmenskultur. Ihr zentraler Auftrag ist es, die Rahmenbedingungen für stressfreies und produktives Arbeiten zu gestalten und das Wohlfühlen am Arbeitsplatz zu stärken. Motivationssteigerung, Arbeitsverbesserung, Coaching und Konfliktmanagement bilden somit die Eckpfeiler des Wirkens (Fraunhofer-Institut für Arbeitswirtschaft und Organisation 2013). Die Position ist damit begründet, dass es für eine gute Arbeitskultur einer konkreten Ansprechperson bedarf, die sich um Mitarbeiter und ihre Anliegen persönlich und zu jeder Zeit kümmert. Diese Tätigkeit soll nicht nur als Teilaufgabe wahrgenommen werden, wie beispielsweise als Teil des Personalwesens, des Betriebsrats oder des Betrieblichens Gesundheitsmanagements.

Die Wohlfühlbeauftragten sind für alle Mitarbeiter da, unabhängig von der Hierarchieebene: vom Azubi über die Aushilfe bis zum Top-Management. Sie treten aktiv in intensiven Austausch mit allen Mitarbeitern, Führungskräften und Geschäftsleitung, identifizieren Optimierungspotenzial und sammeln Verbesserungsvorschläge. Sie bilden somit die Schnittstelle zwischen Mitarbeitern und Vorgesetzten und sind konkrete Ansprechpartner für jegliche Konflikte und Belange. Im Gegensatz zu einer Führungskraft stehen Feelgood-Manager nicht in einer von gegenseitiger Abhängigkeit geprägten Arbeitsbeziehung zu den Mitarbeitern, sondern können als Vermittler fungieren. Sie müssen weder gefallen, noch haben sie Repressalien zu fürchten. Ebenso sind sie nicht weisungsgebunden durch Vorgesetzte. Diese neutrale und unabhängige Position schafft eine Vertrauensbasis, um Kritik offen zu äußern und konstruktives Feedback zu geben. In kleinen Unternehmen könnte ein Feelgood-Manager daher auch als vereinfachter ‚Ein-Mann-Betriebsrat' definiert werden (Bertram 2015; Steinmetz 2016).

Durch die persönliche Nähe zu den Mitarbeitern bekommen Feelgood-Manager in Gesprächen und durch Feedback ein Gespür für die Bedürfnisse der Belegschaft. So können individuelle Wünsche identifiziert und darauf aufbauend das Arbeitsumfeld so gestaltet werden, dass alle Mitarbeiter bestmöglich ihr Potenzial entfalten können (Hockling 2013). Feelgood-Manager analysieren systematisch die Anliegen der Mitarbeiter, besprechen Optimierungsbedarf und finden darauf aufbauend Lösungen. Sie agieren als Organisatoren, die durch aktive Beteiligung der Mitarbeiter eine optimale Gestaltung der Arbeitsbedingungen erreichen. Gleichzeitig untersuchen sie aber auch, was sich positiv bewährt hat und im Unternehmen beibehalten werden soll, um sukzessive nachhaltige Zufriedenheit weiter zu fördern.

Feelgood-Manager schaffen Freude und Abwechslung im Arbeitsalltag und machen dadurch Mitarbeiter zufrieden und glücklich (Fraunhofer-Institut für Arbeitswirtschaft und Organisation 2013). Sie sind zugleich Eventmanager, Planer, Netzwerker und Ansprechpartner für alle. Je nach Größe des Unternehmens und dem Verständnis der Stelle ist Feelgood-Manager kein Job in Vollzeit. So übernehmen Feelgood-Manager auch weitere Zuständigkeiten, die sich thematisch ergänzen. Bei kleinen Start-ups sind manchmal auch rotierende Feelgood-Manager zu finden (Fraunhofer-Institut für Arbeitswirtschaft und Organisation 2013). Durch diese notwendige Abwandlung und die sukzessive Verteilung der Aufgaben auf mehrere Personen, wird das Konzept noch nachhaltiger organisatorisch verankert.

4.2.1 Aufgaben und Wirkungskreis

Durch die Vielfalt an Rollen, die Feelgood-Manager einnehmen, und die Komplexität ihres Auftrages ist auch das Aufgabenspektrum breit gefächert und vielseitig gestaltet. Die Tätigkeiten lassen sich grob in fünf Themenschwerpunkte unterteilen: Teambuilding, Onboarding, interne Kommunikation, Arbeitsplatzgestaltung und Gesundheit (Prosch 2016). Diese Schwerpunkte lassen sich in operative Tätigkeiten übersetzten, welche im Folgenden näher beschrieben werden.

Teambuilding ermöglicht das gegenseitige Kennenlernen von Mitarbeitern, schafft Gemeinschaftsgefühl und führt nachhaltig zu einer besseren Vernetzung und reibungsloser Teamarbeit. Feelgood-Manager organisieren daher Teamevents und After-Work-Veranstaltungen, die das Miteinander fördern sollen. Zu den initiierten Aktionen können unter anderem folgende ‚klassische' Teambuilding-Maßnahmen gehören: Koch-Workshops, Sportaktivitäten, Kinoabende, Grillen sowie Ausflüge zu Attraktionen und Sehenswürdigkeiten der Stadt. Der Fantasie sind hier keine Grenzen gesetzt. Auch neue Konzepte wie Lunchlotterien werden veranstaltet, bei denen per Zufall bestimmt wird, wer beim Essen nebeneinander sitzt. Dies schafft Kommunikation über Abteilungsgrenzen hinweg, die Belegschaft kommt zusammen und verbringt eine entspannte Zeit miteinander (Neumann 2016).

Bei vielen Unternehmen mit Feelgood-Managern ist Onboarding ein zentrales Thema. Nach einer erfolgreichen Besetzung einer Stelle beschäftigt sich das

Onboarding intensiv mit der sozialen und fachlichen Integration neuer Mitarbeiter. Diese Phase ist von hoher Relevanz, um neue Mitarbeiter langfristig an das Unternehmen zu binden, frühzeitig produktives Arbeiten zu ermöglichen und die mit einer Neubesetzung einer Stelle verursachten Kosten rasch zu amortisieren. Eine ehrlich gelebte Willkommenskultur und die persönliche Betreuung neuer Mitarbeiter von Anfang an vermeiden Enttäuschung, Kündigungen in der Probezeit und schaffen stattdessen schnell ein Zugehörigkeitsgefühl. Feelgood-Manager nehmen sich dieser Aufgabe an, begrüßen und begleiten neue Mitarbeiter in der ersten Zeit, weisen ihnen Projekte und Aufgaben zu und organisieren wöchentliche Treffen und Feedback-Runden mit den Neueinsteigern. Die Integration ausländischer Mitarbeiter wird z. B. durch Sprachkurse, Unterstützung bei Behördengängen und Wohnungssuche sowie das Feiern landesspezifischer Feiertage erleichtert. Es geht über die offiziellen Hilfestellungen, wie beispielsweise Unterstützung bei der Wohnungssuche, deutlich hinaus. Bei einer Internetagentur sorgen sogar firmeneigene Wohngemeinschaften für eine Zusammenführung neuer Mitarbeiter.

Zudem fördern Feelgood-Manager auch die interne Kommunikation in Unternehmen. Interne Kommunikation beschreibt jede Form des Informationsaustauschs zwischen Mitgliedern einer Organisation. Diese Übermittlung von Information findet hierarchieunabhängig statt und bedient sich formell unterschiedlicher Kommunikationskanäle wie dem Intranet, E-Mails oder Tweets und informell dem Gespräch in kurzen Pausen, beim Essen oder anderen Anlässen. Eine zentrale Rolle im Unternehmen spielt Feedback als Gegenstand interner Kommunikation. Es gibt Aufschluss über eigene Verhaltensweisen und Leistungserbringung. Konstruktiv und offen formuliert wirkt es fehlerkorrigierend, motivierend und produktivitätssteigernd bei Mitarbeitern. Wie in dem Job-Characteristics Modell von Hackman und Oldham erforscht, ist Feedback motivierend und generell Voraussetzung für Jobzufriedenheit. Das Schaffen einer offenen Feedbackkultur und eines konstruktiven Umgangs mit Fehlern ist deshalb auch eine Aufgabe des Feelgood-Managers (Bertram 2015; Neumann 2016). In vielen Unternehmen werden daher wöchentlich Gesprächsrunden ohne Teamleiter und Geschäftsführung organisiert, um offene Rückmeldungen zu erhalten.

Auch bei zwischenmenschlichen Konflikten können Feelgood-Manager als Mediator herangezogen werden. Generell fördern sie hierarchieübergreifend den Kommunikationsfluss, schaffen offene und transparente Austauschplattformen und begünstigen die Partizipation der Mitarbeiter an diesen Foren.

Zur täglichen Arbeit von Feelgood-Managern zählt auch die optimale, stressfreie und effizienzsteigernde Gestaltung von Arbeit und Räumlichkeiten. Dafür können Kreativ-Ecken, informelle Treffpunkte und eine gemütliche Kaffeeküche kreiert werden, die zum Austausch, Gespräch und kleinen Ruhepausen einladen.

Dabei kommen auch ungewöhnliche Ideen zum Einsatz. Die Digitalagentur Comspace hat z. B. ihren Kreativraum in Form einer Sauna gestaltet, um fernab der eintönigen Großraumbüros auf neue Ideen zu kommen. Für Mitarbeiter, die bei sportlicher Betätigung besser abschalten können oder kreative Impulse erhalten, sind oftmals auch Boxsäcke, Basketballkörbe, Tischkicker und Sporträume in den Feelgood-Firmen zu finden. Bei einigen Unternehmen gibt es sogar firmeneigene Musikinstrumente, die genutzt werden können. Daraus ist im Laufe der Zeit bei einem Unternehmen eine Band entstanden. Das Start-up Jimdo schafft darüber hinaus eine entspannte Wohlfühlatmosphäre durch Sofas, Hängematten, Grünoasen und Aquarien. Dort dürfen auch die eigenen Haustiere mitgebracht werden.

Neben dem räumlichen Design liegt das Augenmerk auch darauf, produktive Arbeit und sukzessiven Aufbau selbstorganisierter Teamstrukturen zu ermöglichen. Das professionelle Netzwerk XING richtet vor diesem Hintergrund alle acht Wochen eine Innovations-Woche aus, bei der Mitarbeiter sich mit Kollegen sieben Tage lang kreativen und ausgefallenen Projekten widmen können. Neue Ideen und Impulse fließen dadurch auch bei der täglichen Projektarbeit bei XING ein. Ebenfalls werden viele Arbeitsschritte, Zwischenergebnisse und Informationen zur Reduktion der Komplexität und zum besseren Überblick mithilfe von Pinnwänden visualisiert. Diese Kommunikation an den Wänden schafft eine Abwechslung vom Computer-Alltag und sorgt für mehr persönliche Interaktionen. Zudem gibt es bei einigen Firmen Koch-Roulettes. Dies bedeutet, dass ein Mitarbeiter nicht nur für sich, sondern für vier weitere Kollegen an einem Wochentag kocht. Dafür können die Kollegen effizient weiterarbeiten und übernehmen an einem Folgetag das Kochen für alle.

Auch der Erhalt der physischen und psychischen Leistungsfähigkeit der Mitarbeiter bildet einen Aufgabenteil des Feelgood-Managers. Wöchentliche Obstkorb-Bestellungen, Rückenschulen, Sportangebote und Massagen können den Mitarbeitern zur Verfügung stehen, um nur ein paar Beispiele zu nennen. Die Angebote können sogar individuell angepasst werden. Ein Hamburger Start-up bietet dahin gehend die Möglichkeit einer täglich individuell angepassten Rückenschule. Dies wirkt präventiv gegen Stress und Gesundheitsprobleme. Auch Initiativen wie Email-freie Tage und Wochenenden helfen, die wertvollen Erholungsphasen der Mitarbeiter zu respektieren. Dieser als erholsam empfundene bewusste Abstand von der Arbeit, ‚psychological detachment' genannt, schützt vor Überforderung, Burn-out sowie psychosomatischen Beschwerden und steigert laut Studien das Engagement am Arbeitsplatz (Sonnentag et al. 2010).

Um eine erfolgreiche Akzeptanz und Annahme der Angebote zu garantieren, ist jedoch eine Ausrichtung der Aktionen an die Bedürfnisse der Mitarbeiter sowie die freiwillige Beteiligung unerlässlich. So wären z. B. After-Work-Meetings für eine Belegschaft bestehend aus vielen jungen Eltern weniger sinnvoll als die Unterstützung bei der Suche nach Kita-Plätzen. Zudem ziehen beispielsweise eher introvertierte Mitarbeiter den zusätzlichen Homeoffice-Tag möglicherweise einer After-Work-Party vor. Idealerweise werden deswegen die Anstöße und Ideen daher auch direkt von den Mitarbeitern selbst eingebracht. Umfragen und Sprechstunden mit den Feelgood-Managern bilden die Plattform für Vorschläge und Wünsche. Dadurch sind die Angebote authentisch und auf die Zielgruppe zugeschnitten.

4.2.2 Kompetenzen und Anforderungen

Kommunikationsfähigkeit, Durchsetzungskraft, Organisationstalent sowie Empathie sind die zentralen Kompetenzanforderungen für Feelgood-Manager (Prosch 2016). Empathie beschreibt die Fähigkeit und Bereitschaft, Emotionen, Gedanken und Einstellungen anderer Personen zu reflektieren und zu verstehen. Dafür ist Selbstwahrnehmung und -reflexion eine wichtige Voraussetzung. Auch das Feingefühl für Mitmenschen und ihre Probleme sind elementar für das Schaffen einer Vertrauensbasis (Bertram 2015). Kommunikationsstärke und aktives Zuhören sind notwendig für erfolgreiches Konfliktmanagement zwischen Mitarbeitern, Kollegen oder Führungskräften (Schmidt 2015). Viele Feelgood-Manager verbindet, dass sie aus einer inneren Leidenschaft heraus Verantwortung übernehmen und Freude daran haben, den Arbeitsalltag ihrer Kollegen zu vereinfachen und zu erleichtern (Steinmetz 2016).

Darüber hinaus sind neben Offenheit, Optimismus und einer freundlichen Persönlichkeit auch Überzeugungskraft und Durchsetzungsvermögen hilfreich. Denn Feelgood-Manager tragen Konflikte und Optimierungsbedarf direkt bei der Geschäftsleitung vor und setzen sich für Mitarbeiter ein. Zudem sind Geduld sowie Resilienz, die Fähigkeit aus eigenen Kräften heraus Krisen und Probleme zu bewältigen, notwendige Eigenschaften, wenn man bei der Umsetzung von Aktionen und Ideen auf Kritik stößt.

Feelgood-Manager leisten Pionierarbeit. Da es noch wenig ausgearbeitete Konzepte und detaillierte Stellenbeschreibungen gibt, ist das selbstständige und eigenverantwortliche Einarbeiten und Definieren von Vorgehensweisen notwendig. Feelgood-Managern wird dabei viel Freiraum gelassen. Ein Feelgood-Manager hat sogar während der Arbeitszeit eine eigene Software-Applikation entwickelt, bei der auf spielerische Art und Weise Gesichtern der Mitarbeiter deren Namen zugeordnet werden müssen. Die dafür aufgewandte Zeit amortisierte sich schnell, da es das persönliche Kennenlernen und den Austausch schneller und intensiver gefördert hat (Prosch 2016). Aber auch Recherchearbeit und Austausch mit anderen Feelgood-Managern zur Ideenfindung und Umsetzung von Projekten gehören zum Arbeitsalltag vieler Feelgood-Manager (Steinmetz 2016; Prosch 2016). Selbstorganisation und Kooperation sind daher entscheidende Anforderungen (Fraunhofer-Institut für Arbeitswirtschaft und Organisation 2013). Auch Organisationstalent, Teamgeist und Kreativität helfen bei der Umsetzung ständig neuer Aktionen. Oft müssen dabei Projekte mit unterschiedlichen Schnittstellen im Unternehmen gleichzeitig bearbeitet werden.

4.2.3 Ausbildung und Gehalt

Aufgrund der noch sehr kurzen Historie des Berufsbildes gibt es bisher noch keine normierte Ausbildung. Nur einige private Anbieter bieten freiwillige Aus- und Weiterbildungen zum Feelgood-Manager an. Die Kosten der modular aufgebauten Fachausbildung, die aus Theorie- und Praxisteilen besteht, belaufen sich dabei je nach Bildungsakademie auf 3000–6500 € (GOODplace o. J.; Greiner Gruppe 2015). Die Dauer der Ausbildung kann je nach Inhalt von wenigen Tagen bis zu einem Jahr variieren. Abgeschlossen wird sie mit einer Teilnahmebescheinigung oder im Rahmen der Professionalisierung der Ausbildung mit einem Test und Zertifikat.

Die meisten Feelgood-Manager haben jedoch keine spezielle Ausbildung absolviert und sich pragmatisch und durch learning-by-doing in den Job eingearbeitet. Kompetenzen und Qualifikationen früherer Positionen fließen dabei mit ein. Auch die beruflichen Hintergründe sind bei den Ausbildungsfächern oder -arten sehr unterschiedlich und vielfältig. Ein Studium ist keine Voraussetzung für den Beruf. Berufserfahrung, unabhängig von dem Bereich, ist jedoch essentiell, um ein Verständnis für organisatorische Herausforderungen zu haben. Einige Feelgood-Manager kommen aus verwandten Bereichen wie Psychologie, Pädagogik, Human Resources Management oder haben eine Zusatzausbildung als Coach oder Mediator. Aber auch Quereinsteiger aus Touristik und Hotellerie, Verkehrswirtschaft sowie Sportwissenschaftler sind ebenso als Feelgood-Manager angestellt. Ausschlaggebend sind die Kompetenzen, nicht die originäre Ausbildung. Alle Feelgood-Manager haben jedoch eine längere Betriebszugehörigkeit in den jeweiligen Unternehmen und weisen daher auch eine weitreichende interne Vernetzung auf (Prosch 2016). Sie haben ein gutes Verhältnis zu Kollegen und Geschäftsleitung und genießen deren Vertrauen, was ihre Akzeptanz und den vertrauensbasierten Austausch erleichtert.

Da das Berufsbild selbst noch sehr jung ist, gibt es keine eindeutigen Vergleichsmöglichkeiten hinsichtlich der Verdienstmöglichkeiten. Diese variiert von Unternehmen zu Unternehmen. Derzeit liegt das Einstiegsgehalt durchschnittlich bei ungefähr 30.000–35.000 € bei einer Position in Vollzeit und erhöht sich mit zunehmender Berufserfahrung bis auf 45.000 € (Schmidt 2015). Von Halbtagsstellen sowie studentischen Aushilfen wird abgeraten, da die Komplexität der Aufgaben diese Form der Anstellung übersteigt. Und wie „rechnet" sich eine Stelle für Feelgood-Management für Unternehmen? Der Geschäftsführer einer Kreativagentur sagt zu dem ROI (Return on Investment) einer Feelgood-Manager-Stelle: „Wenn jeder unserer Mitarbeiter dadurch 1,66 Prozent mehr Leistung bringen kann, ist die Stelle komplett refinanziert" (Esche 2014).

4.3 Organisatorische Einbindung

Als Bindeglied zwischen Mitarbeiter und Führungskraft sind Feelgood-Manager idealerweise als Stabsstelle bei der Geschäftsführung angesiedelt. Dies unterstreicht die Neutralität und Unabhängigkeit der Position und zeigt gleichzeitig die Überzeugung des obersten Managements, Wertschätzung im Unternehmen zu leben.

Eine Stabsstelle unterstützt, berät und berichtet der übergeordneten Leitungsstelle. Sie trägt zur Ergebnislösung eines Problems bei und wird als Experte für bestimmte Fachfragen herangezogen, ohne dabei über eine eigene Weisungsbefugnis zu verfügen (Heise 2009). Dies bedeutet, dass eine Stabsstelle nicht an untergeordnete Stellen verbindliche Anweisungen erteilen kann.

Durch diese Besonderheit ist die Ansiedlung des Feelgood-Managers auch als Stabsstelle zu empfehlen, da die Position so Neutralität und Unabhängigkeit wahrt. Es stärkt die Vertrauensbasis, da jeder Bezug zu arbeitsrechtlichen Themen verhindert wird. Da auch sensible Anliegen wie das Vorgesetztenverhältnis in den Aufgabenbereich eines Feelgood-Managers fallen, wäre ansonsten die Objektivität bei diesen Themen nicht mehr gesichert. Dies würde Misstrauen hervorrufen und eine offene Meinungs- und Kritikäußerung seitens der Mitarbeiter verhindern.

Als Stabsstelle sind Aufstiegsmöglichkeiten im klassischen Sinne limitiert. Ferner würde ein vertikaler Aufstieg im Sinne der Hierarchie auch nicht dem Grundgedanken des Feelgood-Managements entsprechen. Wie in dem 7-S Modell in Abschn. 3.2 dargestellt, wird ein Kulturwandel von einem Wandel der Aufbauorganisation im Unternehmen begleitet. So kann sich eine hierarchische Pyramide hin zu einer eher netzwerkartigen Struktur entwickeln. Daher gibt es für Feelgood-Manager auch eher eine Vielzahl an horizontalen Entwicklungsmöglichkeiten. Diese können vom ersten Wohlfühlbeauftragten hin zur Leitung eines gesamten Kompetenzteams reichen, wie sie bereits in einigen Unternehmen zu finden sind.

5 Erfolgsfaktoren für Feelgood-Management

Da der Name „Feelgood-Manager" kein geschützter Begriff ist, gibt es verschiedene Auffassungen darüber, welche Aufgaben Feelgood-Manager übernehmen und wie weitreichend diese sind. Zudem ist der Qualitätsanspruch an das Berufsbild oftmals sehr unterschiedlich. Aufbauend auf dem Jobprofil vom Fraunhofer Institut werden in den folgenden Kapitel die Gemeinsamkeiten der Unternehmen mit Feelgood-Managern dargestellt und die Erfolgsfaktoren für ein wirksames Umsetzen des Berufsbildes aus der Sicht von Feelgood-Managern erläutert.

5.1 Art des Unternehmens

Viele bekannte junge Unternehmen aus der digitalen Branche vertrauen bereits auf den Erfolg von Feelgood-Managern. Aber auch ‚etablierte' Unternehmen setzen verstärkt auf Wohlfühlbeauftragte, um nachhaltiges Wachstum und Erfolg des Unternehmens zu sichern. Auffällig ist jedoch, dass die Unternehmen mit Feelgood-Managern bestimmte Gemeinsamkeiten und Charakteristika aufzeigen. Die Geschäftsmodelle haben zum Beispiel gemein, dass Wissensarbeit als Tätigkeitsform gefragt ist. Kreativität, Komplexität der Aufgabe und die Notwendigkeit eines kontinuierlichen Wissenserwerbs prägen diese Arbeitsform (Dörhöfer 2010).

Feelgood-Manager sind (noch) vornehmlich in jungen Branchen oder Spin-offs ‚etablierter' Firmen zu finden, welche aus der Digitalisierung hervorgingen und seitdem stark wachsen. Dazu zählen vor allem Unternehmen der E-Commerce-, Onlinegames-, Informationstechnik- und digitalen Medienbranche. Diese Wirtschaftszweige sind Teil der digitalen Wirtschaft in Deutschland und agglomerieren sich meist in Großstädten. Laut ‚Deutscher Startup Monitor 2015' ist Berlin mit

S. Gesing und U. Weber, *Konzept und Berufsbild des Feelgood-Managements*, essentials, https://doi.org/10.1007/978-3-658-19356-0_5

einem Anteil von 31,3 % aller Start-ups die Metropole mit dem höchsten Anteil an jungen Gründungsunternehmen (KPMG 2015). Daher ist es auch nicht überraschend, dass die deutsche Hauptstadt die meisten Feelgood-Manager verzeichnet, dicht gefolgt von Hamburg, München und Köln, welche ebenfalls Ballungsräume für die Ansiedlung junger digitaler Unternehmen oder digitaler ‚Spin-offs' sind.

Zudem ist ein signifikanter Teil der Unternehmen noch nicht lange am Markt. Aufgrund der Konzentration der Feelgood-Manager in jungen Branchen mit dem Schwerpunkt Internet als Medium, wurden viele Organisationen erst vor vier bis zehn Jahren gegründet. Damit fallen sie nach dem Bundesverband Deutscher Start-ups unter die Definition eines Start-ups oder jungen Wachstumsunternehmens. Die Firmen befinden sich noch in den ersten Phasen des Lebenszyklus eines Unternehmens und sind gekennzeichnet durch ein schnelles, exponentielles Wachstum und einen hohen Innovationsgrad (KPMG 2015). Durch das starke Wachstum stehen sie meist vor der Herausforderung eines Überangebots an Arbeitsplätzen und dem Problem eines Mangels an geeigneten Arbeitnehmern. Einige der Unternehmen sind über die offizielle Start-up-Phase bereits hinaus, definieren sich jedoch selbst weiter als mittelständisches Unternehmen mit Start-up-Flair. Auffallend ist zudem das junge Durchschnittsalter der Belegschaft. Bei den meisten Feelgood-Unternehmen liegt der Altersdurchschnitt bei 30–33 Jahren (GOODplace 2016a).

Viele Unternehmen, die bereits die Position des Feelgood-Managers integriert haben, lassen sich somit als junge digitale Wachstumsunternehmen zusammenfassen. Diese eng definierte Schnittmenge von Unternehmen haben viele Gemeinsamkeiten hinsichtlich Organisationsstruktur, Unternehmenskultur, Offenheit des Managements und der Gestaltung des Berufsbildes.

5.2 Flache Hierarchien

Feelgood-Manager sind überzeugt, dass es flacher Hierarchien bedarf, um den Erfolg von Feelgood-Management zu garantieren (Neumann 2016). Junge, und damit oft noch kleine, IT-Unternehmen setzen auf flache Hierarchien sowie interdisziplinäre, selbstorganisierte Teams. Dieser organische Aufbau ist geprägt von hoher Eigenverantwortung eines jeden Einzelnen im Unternehmen und wenig Kontrolle. Mitarbeiter arbeiten selbstbestimmt und autonom. Entscheidungen finden daher auch eher im kollektiven Rahmen statt. Sie werden von unterschiedlichen Personen und Bereichen im Unternehmen formuliert und gemeinsam verantwortet. Dafür werden große Handlungsspielräume geschaffen. Zudem sind die Wege der Kommunikation kürzer und Aktionen können schneller umgesetzt werden. Teamleitungs- und Führungspositionen basieren auf Kompetenzen und bilden dadurch natürlich entstehende Autoritäten, nicht solche, die organisatorisch verliehen sind. Führungskräfte haben die Aufgabe, Mitarbeiter individuell zu unterstützen, Kommunikation zu fördern sowie zwischenmenschliche Probleme zu thematisieren. Vertrauen statt Kontrolle und gegenseitige Unterstützung zeichnen eine Atmosphäre der Zusammenarbeit aus.

5.3 Akzeptanz der Führungsebene und Freiwilligkeit der Angebote

Ein weiterer Erfolgsfaktor ist die positive Haltung der Führungsebene gegenüber Feelgood-Management. Eine überzeugte Führungsebene ist offen für neue Anregungen und Ideen und lebt diese auch vor. Sollte die Idee des Feelgood-Managements lediglich auf untere Ebenen delegiert werden, würden die Mitarbeiter kontinuierlich für das Gelingen des Konzeptes kämpfen, bei dem sie alleine aber kaum etwas verändern könnten. Denn ein Konzept multipliziert sich nicht über Hierarchien, sondern über begeisterte Menschen. Das Konzept muss daher von der Geschäftsführung und allen Führungsverantwortlichen konsequent getragen, umgesetzt und vor allem durch Authentizität gelebt werden. Ansonsten kann das Berufsbild schnell als Etikette abgetan werden und wird nicht mehr glaubhaft akzeptiert. Zudem darf nicht der Zwang entstehen, alle zur Verfügung stehenden Angebote als Mitarbeiter wahrnehmen zu müssen. Sobald sozialer Druck entsteht und bei Mitarbeitern das Gefühl aufkommt, die Führungspersonen würden ihre Anwesenheit erwarten, verfehlt Feelgood-Management seine Wirkung (Steinmetz 2016). Freiwilligkeit, Wahrnehmbarkeit und Ehrlichkeit sind bei den Angeboten entscheidend. Dies bedeutet, dass alle Aktionen und Angebote für Mitarbeiter ungezwungen gestaltet, relevant und authentisch sein müssen. Auch die Regelmäßigkeit von Unternehmungen ist wichtig, damit Mitarbeiter planen und sich darauf freuen können. Der Erfolg eines Angebots ist dabei nicht abhängig von der Anzahl der Teilnehmer. Vielmehr geht es um den Gedanken, dass Mitarbeiter das Gefühl haben, dass Unternehmen sie in den Mittelpunkt stellen und ihnen Wertschätzung entgegenbringen – unabhängig von der Gesamtzahl an Mitarbeitern im Unternehmen.

5.4 Konzentration der Stelle

„Leute, die mich gar nicht persönlich kennen, können zu mir auch keine vertrauensvolle Basis aufbauen", ist der Feelgood-Manager eines Softwareentwicklungs-Unternehmens überzeugt (Prosch 2016). Feelgood-Management sollte an eine Person gebunden sein. Dabei ist es elementar, dass diese Person auch stets vor Ort im Unternehmen ist, denn nur durch persönlichen und direkten Kontakt mit Mitarbeitern und Kollegen kann Nähe und Vertrauen entstehen. Das Delegieren von Feelgood-Manager an externe Berater wird daher nicht empfohlen, denn sie treten nur sporadisch als Problemlöser von außen auf und sind nicht mit der Organisation gewachsen. Zudem wird durch die Konzentration des Themas auf eine Person dem Konzept der erforderliche Nachdruck, Präsenz und Ernsthaftigkeit verliehen. Die Verantwortung teilt sich nicht kollektiv auf alle auf, sondern wird zentral bei einem Ansprechpartner gebündelt und rückt das Thema somit stärker in den Fokus (Wahlen 2015).

6 Herausforderungen und Weiterentwicklung

Trotz der positiven Effekte von Feelgood-Management polarisieren sowohl das Konzept als auch sein Berufsbild. Das Konzept trifft noch auf viel Unverständnis. Denn Feelgood-Management fordert eine neue Denkweise im Umgang mit Menschen und Arbeitsbeziehungen sowie deren Abbildung in organisatorischen Strukturen. Diese Neuausrichtung hinterfragt über Jahre hinweg gewachsene und auch bewährte Unternehmenskulturen und erfordert eine grundlegende Veränderungsbereitschaft. Dies ist besonders herausfordernd für etablierte Unternehmen, die vornehmlich auf bewährte Konzepte zurückgreifen, die allen Stakeholdern Sicherheit geben. Die Grenzen und Chancen von Feelgood-Management in etablierten Unternehmen werden im zweiten *essential* ausführlich untersucht.

Auch wirft die betriebswirtschaftliche Messung des Erfolgs von Feelgood-Management Fragen auf. Das Konzept wirkt auf Faktoren im Unternehmen ein, welche nur langfristig messbar sind und nicht immer singulär dem Feelgood-Management zugeordnet werden können. Konkrete betriebswirtschaftliche Kennzahlen lassen sich oft nur indirekt auf die Arbeit eines Feelgood-Managers zurückführen. Gerade bei Unternehmen, die zielgerichtet den ROI (Return on Investment) bemessen möchten, kann das Konzept daher auf Widerstand stoßen. Dies trifft jedoch auf viele personenbezogene Aktivitäten im Unternehmen zu, die sich aber bereits durchgesetzt haben, wie beispielsweise Mentorenprogramme (Rademacher und Weber 2017). Als weiterer Aspekt ist die Größe von Unternehmen als Herausforderung zu nennen. Je größer ein Unternehmen wird, umso schwieriger ist es, Feelgood-Management dort zentral in Unternehmen anzusiedeln. Bei zunehmender Organisationsgröße ist die Konzentration des Konzepts auf eine Stelle nicht mehr möglich und müsste auf kleinere Organisationseinheiten aufgeteilt werden.

Zudem sind das Wohlbefinden der Mitarbeiter und produktive Arbeitsabläufe seit jeher Teil der klassischen Führungsaufgaben, die durch Feelgood-Manager

S. Gesing und U. Weber, *Konzept und Berufsbild des Feelgood-Managements,* essentials, https://doi.org/10.1007/978-3-658-19356-0_6

nicht einfach delegiert und weitergegeben werden können. Führungskräfte dürfen und sollen hier nicht aus der Verantwortung gelassen werden. Zu definieren sind in größeren Unternehmen auch die Schnittstellen mit Funktionen, die teilweise bereits Feelgood-Management wahrnehmen, wie zum Beispiel die HR-Abteilung, der Betriebsrat und das Betriebliche Gesundheitswesen. Letztere sind zwar eher auf die Wahrung der Rechte der Mitarbeiter und gesundheitliche Aspekte konzentriert und nicht so erlebnisorientiert wie der Feelgood-Manager, wirken in ihrer Gesamtheit jedoch auf das Thema Feelgood-Management ein (Kusenberg 2015). Je nachdem wie die Funktionen ausgestaltet sind, könnten Aufgaben des Feelgood-Managers lediglich dupliziert werden. Hier liegt es an den Unternehmen, Feelgood-Management als sinnvolle Ergänzung zu definieren und abzugrenzen.

In der Gesamtheit wird Feelgood-Management auch häufig mit einer kurzlebigen Modeerscheinung gleichgesetzt, die keine Ernsthaftigkeit und begründete Festigkeit hat. Dies liegt auch zum Teil an dem Begriff selber, da anglistische Begriffe häufig mit flüchtigen Trends und Bewegungen assoziiert werden.

Dies bestätigen auch gezielte Umfragen zu Feelgood-Management. Die Studie ‚Job-Trends Deutschland 2015' befragte 197 renommierte Unternehmen hinsichtlich der Meinung und Akzeptanz für das neue Berufsbild des Feelgood-Managers (Staufenbiel Institut 2015). Die Ergebnisse zeigen, dass nur 4 % der Unternehmen als Maßnahme im Rahmen der Gestaltung der Unternehmenskultur eine eigenverantwortliche Position wie den Feelgood-Manager schaffen würden. 14 % hingegen sahen das Berufsbild als Bespaßung und lächerliche, nicht ernsthafte Problembehandlung des Themas Unternehmenskultur. Ferner sahen 42 % der Arbeitgeber eine Problematik darin, die komplexe Thematik der Unternehmenskultur an eine Person oder Position zu delegieren. Das wäre nicht vorausschauend genug gedacht und würde nicht den angestrebten Nutzen bringen. Lediglich ein Viertel der befragten Personalverantwortlichen standen dem Feelgood-Manager neutral und unvoreingenommen gegenüber. Die Befürworter waren im Jahr 2015 mit 12 % noch in der Minderzahl. Dies ändert sich jedoch zunehmend.

Trotz der anfänglichen Skepsis gegenüber des Berufsbildes des Feelgood-Managers ist vielen Unternehmen bewusst, dass der Gedanke, sich verstärkt um Mitarbeiter und deren Wohlergehen zu kümmern, von höchster Wichtigkeit ist. Alle Unternehmen stehen vor der Herausforderung, geeignete Arbeitskräfte für sich zu gewinnen und zu binden, interne Kreativität und Innovation voranzutreiben und in einem gesättigten Markt weiter gewinnbringend zu operieren. Es bedarf somit einer individuellen Anpassung und Weiterentwicklung des Konzeptes, das langfristig auch für etablierte Unternehmen einen Mehrwert bieten kann.

7 Feelgood-Management als unternehmerisches Werteverständnis

Feelgood-Management ist eine Ausprägung des neuen Werteverständnisses von Unternehmen. Der ganzheitliche Ansatz will eine werteorientierte Unternehmenskultur etablieren und stärken und dadurch zum Wohlbefinden der Mitarbeiter im Unternehmen beitragen. Die positive Gestaltung der Unternehmenskultur als Erfolgsfaktor betrifft nachweislich alle Unternehmen unterschiedlichster Branchen. Ein Feelgood-Qualitätsrahmen gelebt durch Fairness, Offenheit, Kooperation, Arbeitsumfeld und Gemeinschaft kann dabei auf unterschiedliche Weise erreicht werden. Grundsätzlich muss die Thematik in jedem Unternehmen jedoch im Sinne der Strategie des „best-fit" individuell behandelt und auf die jeweiligen Bedürfnisse angepasst werden. Die verstärkte Ausrichtung auf einen gelebten positiven Führungsstil, bei dem Vorgesetzte als Coach, Mediator und Motivator agieren, wäre zum Beispiel als angepasste Umsetzung denkbar. Auch innerbetriebliche Synergien der Abteilungen, die bereits indirekt auf Feelgood-Management im Unternehmen einwirken (Betriebsrat, HR-Abteilung und das Betriebliche Gesundheitswesen), wären ein bestrebter und zukunftsorientierter Ansatz mit Fokus auf Feelgood-Management. Die intensive Beschäftigung mit dem Thema zeigt, dass schließlich jeder kleine Schritt und jede Veränderung in Richtung einer werteorientierten Unternehmenskultur einen Gewinn für Mitarbeiter und Unternehmen darstellt. Es fördert im Unternehmen je nach Entwicklungsphase im Lebenszyklus nachhaltiges Wachstum, gewinnbringende Profitsteigerung oder die Steigerung von Kreativität und Innovation. Das Risiko, Feelgood-Management keine Chance zu geben, lässt sich in Kennzahlen wie Fluktuation und abfallender Arbeitsleistung widerspiegeln. Dennoch bedarf es bei etablierten Unternehmen weiterhin Geduld, Messbarkeit der Erfahrungswerte und Vertrauensvorschuss, um Feelgood-Management im Unternehmen aktiv zu verfolgen.

S. Gesing und U. Weber, *Konzept und Berufsbild des Feelgood-Managements,* essentials, https://doi.org/10.1007/978-3-658-19356-0_7

Die Auseinandersetzung mit diesem Konzept führt zu neuen Inspirationen und fordert zum Umdenken auf. Denn für die Bewältigung heutiger und zukünftiger Herausforderungen steht jedes Unternehmen vor der Aufgabe, nachhaltig Formen des gemeinschaftlichen Miteinanders und der harmonischen Zusammenarbeit zu etablieren. Feelgood-Management kommt mehr denn je eine zentrale Bedeutung zu, da Zufriedenheit jeden Tag neu durch die Interaktionen und das Miteinander am Arbeitsplatz definiert wird. Feelgood-Management schafft die dafür notwendigen und kreativen Rahmenbedingungen. Offene Kommunikation, Vertrauen und Wertschätzung generiert einen gemeinsamen Mehrwert für Unternehmen und Mitarbeiter. Wirtschaftlicher Erfolg und persönliche Lebenszufriedenheit werden in einem Konzept erreicht und vereint.

> Nicht, was er mit seiner Arbeit erwirbt, ist der eigentliche Lohn des Menschen, sondern was er durch sie wird.
>
> John Ruskin, englischer Schriftsteller

Was Sie aus diesem *essential* mitnehmen können

- Ein umfassendes Verständnis für das Konzept Feelgood-Management (FGM) und dessen Nutzen für Unternehmen
- Einblick in das neue Berufsbild des Feelgood-Managers und dessen Wirkungskreises
- Kenntnisse über organisatorische Erfolgsfaktoren des Feelgood-Managements
- Ein neues, unternehmerisches Werteverständnis durch Feelgood-Management
- Grenzen und Schnittmengen des Feelgood-Managements

S. Gesing und U. Weber, *Konzept und Berufsbild des Feelgood-Managements*, essentials, https://doi.org/10.1007/978-3-658-19356-0

Literatur

Badura, B., Ducki, A., Schröder, H., Klose, J., & Meyer, M. (Hrsg.). (2016). *Unternehmenskultur und Gesundheit – Herausforderungen und Changen* (Fehlzeiten-Report, Bd. 2016). Berlin: Springer.

Bertram, C. (2015). Feelgood-Manager. Ein Jobtitel als Statement. *Personalwirtschaft Magazin für Human Resources, 2015*(12), 16–21.

Berufsverband Feel Good Management. (2015). Feel good management. http://www.berufsverband-fgm.com/berufsbild/. Zugegriffen: 12. Febr. 2016.

Bundesagentur für Arbeit. (2011). Perspektive 2025: Fachkräfte für Deutschland. http://www.forum-beratung.de/cms/upload/Wissenswertes/Politische_Initiativen/Perspektive_2025_Fachkrfte_fr_Dtl.pdf. Zugegriffen: 15. Febr. 2016.

Bundesministerium für Arbeit und Soziales. (2015a). Arbeiten 4.0. Grünbuch – Arbeit weiter denken. http://www.bmas.de/SharedDocs/Downloads/DE/PDF-Publikationen-DinA4/gruenbuch-arbeiten-vier-null.pdf?__blob=publicationFile. Zugegriffen: 12. Febr. 2016.

Bundesministerium für Arbeit und Soziales. (2015b). Fachkräftesicherung und -bindung. Aktuelle Ergebnisse einer Betriebs- und Beschäftigungsbefragung. http://www.bmas.de/SharedDocs/Downloads/DE/PDF-Publikationen/monitor-fachkraeftesicherung-pdf.pdf?__blob=publicationFile&v=2. Zugegriffen: 16. Febr. 2016.

Deutsche Gesellschaft für Personalführung. (2015). DGFP-Studie. Megatrends 2015. *DGFP-Praxispapiere, 4,* 6.

Dörhöfer, S. (2010). *Management und Organisation von Wissensarbeit.* Wiesbaden: VS Verlag & Springer Fachmedien. http://dx.doi.org/10.1007/978-3-531-92459-5.

Eisold, J. (2016). Feelgood-Management bei Spreadshirt. Feelgoodmanagement.com am 07.09.2016. https://feelgoodmanagement.com.de/2016/09/07/feelgood-management-bei-spreadshirt/. Zugegriffen: 05. Juni 2017.

Esche, B. (2014). Feel-Good-Manager: Ein bisschen Google in deutschen Firmen. Handelsblatt GmbH vom 16.12.2014. http://www.handelsblatt.com/unternehmen/beruf-und-buero/zukunft-der-arbeit/feel-good-manager-von-obstkorb-bis-doener-stand/11122806-3.html. Zugegriffen: 12. Febr. 2016.

Fraunhofer-Institut für Arbeitswirtschaft und Organisation. (2013). KAI Jobprofil Feel-good-Manager/in. https://goodplace.org/wp-content/uploads/2016/01/KAI-Jobprofile_Feelgood-Manager.pdf. Zugegriffen: 14. Febr. 2016.

S. Gesing und U. Weber, *Konzept und Berufsbild des Feelgood-Managements,* essentials, https://doi.org/10.1007/978-3-658-19356-0

Gallup. (2015). Engagement Index Deutschland 2015: Pressegespräch. http://www.mehrwerte.ch/blog/20170104-praesentation-zum-gallup-engagement-index-2015.pdf. Zugegriffen: 28. Mai 2017.

GOODplace. (2016a). Companies mit Feelgood-Managern. http://www.goodplace.org/companies/. Zugegriffen: 18. Febr. 2016.

GOODplace. (2016b). Feelgood-Management: Nährboden für Kreativität und Zusammenarbeit in Unternehmen. https://goodplace.org/feelgood-management-naehrboden-fuer-kreativitaet-und-zusammenarbeit-in-unternehmen/. Zugegriffen: 05. Juni 2017.

GOODplace. (o. J.). Fachausbildung GOODplace® Certified Feelgood Manager. http://www.goodplace.org/fachausbildung-goodplace-certified-feelgood-manager/. Zugegriffen: 17. Febr. 2016.

Greiner Gruppe. (2015). Greiner Akademie – Seminare und Trainings. http://www.greiner-akademie.com/#!ausbildung-feelgood-manager/c1lej. Zugegriffen: 17. Febr. 2016.

Heise, W. (2009). *Das kleine 1x1 der Organisationslehre*. Raleigh: lulu.com.

Hockling, S. (2013). Serie Chefsache: Was soll das mit dem Feelgood-Management? ZEIT ONLINE vom 01.11.2013. http://www.zeit.de/karriere/beruf/2013-11/chefsache-feelgood-management. Zugegriffen: 14. Febr. 2016.

Institut für Arbeitsmarkt- und Berufsforschung. (2016). IAB-Kurzbericht. Mehr Zufriedenheit und Engagement in Betrieben mit guter Personalpolitik. http://doku.iab.de/kurzber/2016/kb1616.pdf. Zugegriffen: 28. Mai 2017.

Kanning, U. P., & Staufenbiel, T. (2012). *Organisationspsychologie* (1. Aufl.). Göttingen: Hogrefe. http://elibrary.hogrefe.de/9783840921452.

KPMG. (2015). 3. Deutscher Startup Monitor. https://deutscherstartupmonitor.de/fileadmin/dsm/dsm-15/studie_dsm_2015.pdf. Zugegriffen: 14. Febr. 2016.

Kusenberg, K. (2015). Experteninterview vom 21.12.2015 zum Thema Feelgood-Management: geführt von Sophia Gesing, Dauer: 00:18:22 (Unveröffentlichte Bachelorarbeit). Hamburg.

Laux, H., & Liermann, F. (2005). *Grundlagen der Organisation*. Wiesbaden: Springer.

Leuphana Universität Lüneburg. (2012). Retention Management im Mittelstand. Weiterbildung als Instrument für die Mitarbeiterbindung. http://www.leuphana.de/fileadmin/user_upload/Forschungseinrichtungen/ipm/files/retention_management.pdf. Zugegriffen: 12. Febr. 2016.

Lyubomirsky, S., King, L., & Diener, E. (2005). The benefits of frequent positive affect: does happiness lead to success? *Psychological bulletin, 131*(6), 803–855. http://www.apa.org/pubs/journals/releases/bul-1316803.pdf. Zugegriffen: 13. Febr. 2016.

Maas, M.-C. (2013). Stimmung, Kollegen! Zeit Online vom 25.07.2013. http://www.zeit.de/2013/31/beruf-feel-good-manager. Zugegriffen: 5. Juni 2017.

Meyer, J. P., & Allen, N. J. (1991). A three-component conceptualization of organizational commitment. *Human Resource Management Review, 1*(1), 61–98.

Naumann, K. (2014). 6 Gründe, warum es gut ist, einen Feelgood-Manager im Unternehmen zu haben. Gründerszene vom 08.07.2014. https://www.gruenderszene.de/allgemein/feelgood-manager. Zugegriffen: 5. Juni 2017.

Nerdinger, F. W., Blickle, G., & Schaper, N. (2014). *Arbeits- und Organisationspsychologie. Mit 51 Tabellen* (Springer-Lehrbuch, 3., vollst. überarb. Aufl.). Berlin: Springer. http://dx.doi.org/10.1007/978-3-642-41130-4.

Neumann, A. (2016). Experteninterview vom 11.01.2016 zum Thema Feelgood-Management: geführt von Sophia Gesing, Dauer: 00:16:36 (Unveröffentlichte Bachelorarbeit). Hamburg.

Prosch, N. (2016). Experteninterview vom 07.01.2016 zum Thema Feelgood-Management: geführt von Sophia Gesing, Dauer: 00:53:29 (Unveröffentlichte Bachelorarbeit). Hamburg.

Rademacher, U., & Weber, U. (2017). *Mentoring im Talent Management*. Wiesbaden: Springer Gabler (im Druck).

Rump, J., & Eilers, S. (2013). Weitere Megatrends. In J. Rump & N. Walter (Hrsg.), *Arbeitswelt 2030. Trends, Prognosen, Gestaltungsmöglichkeiten* (S. 13–30). Stuttgart: Schäffer-Poeschel.

Schmidt, K. (Hrsg.). (2015). Jobs in der Digitalbranche: 13 Berufe mit Zukunft. Handelsblatt vom 26.01.2015. http://www.handelsblatt.com/unternehmen/beruf-und-buero/zukunft-der-arbeit/jobs-in-der-digitalbranche-feel-good-manager/11072838-7.html. Zugegriffen: 12. Febr. 2016.

SHRM. (2017). Placing Dollar Cost on Turnover. Society for Human Resource Management. https://www.shrm.org/resourcesandtools/hr-topics/behavioral-competencies/critical-evaluation/pages/placing-dollar-costs-on-turnover.aspx. Zugegriffen: 5. Juni 2017.

Sonnentag, S., Binnewies, C., & Mojza, E. J. (2010). Staying well and engaged when demands are high: the role of psychological detachment. *The Journal of applied psychology, 95*(5), 965–976. https://kops.uni-konstanz.de/bitstream/handle/123456789/11157/sonnentag.binnewies.mojza.pdf?sequence=1. Zugegriffen: 29. Jan. 2016.

Staufenbiel Institut. (2015). JobTrends Deutschland 2015. https://www.staufenbiel.de/fileadmin/fm-dam/PDF/Publikationen_SS15/JobTrends_2015_Freigabe.pdf. Zugegriffen: 12. Febr. 2016.

Steinmetz, J. (2016). Experteninterview vom 21.01.2016 zum Thema Feelgood-Management: geführt von Sophia Gesing, Dauer: 00:14:35 (Unveröffentlichte Bachelorarbeit). Hamburg.

StepStone Deutschland GmbH. (2013). Glückliche Mitarbeiter – erfolgreiche Unternehmen? StepStone Studie über Glück am Arbeitsplatz 2012/2013 – Ergebnisse und Empfehlungen. http://www.stepstone.de/b2b/stellenanbieter/jobboerse-stepstone/upload/studie_gluck_am_arbeitsplatz.pdf. Zugegriffen: 13. Febr. 2016.

Trendence Institut. (2014). trendMonitor Frühling 2014: Schöne neue Arbeitswelt. Wie sich HR auf die Zukunft der Arbeit vorbereiten sollte.

Towers Watson. (2012). Global Workforce Study. Geld, Karriere, Sicherheit? Was Mitarbeiter motiviert und in ihrem Unternehmen hält. https://www.towerswatson.com/Insights/IC-Types/Survey-Research-Results/2012/07/2012-Towers-Watson-Global-Workforce-Study. Zugegriffen: 15. Febr 2016.

Towers Watson. (2014). Global Worforce Study. https://www.towerswatson.com/en-US/Insights/IC-Types/Survey-Research-Results/2014/08/the-2014-global-workforce-study. Zugegriffen: 5. Juni 2017.

Wahlen, J. (2015). Experteninterview vom 17.12.2015 zum Thema Feelgood-Management: geführt von Sophia Gesing, Dauer: 00:19:41 (Unveröffentlichte Bachelorarbeit). Hamburg.

Weitzel, T., Eckhardt, A., Laumer, S., Maier, C., Stetten, A. von, Weinert, C. et al. (2015). Bewerbungspraxis 2015. Eine empirische Studie mit 7.000 Stellensuchenden und Karriereinteressierten im Internet, Centre of Human Resources Information Systems, Otto-Friedrich-Universität Bamberg. https://www.uni-bamberg.de/fileadmin/uni/fakultaeten/wiai_lehrstuehle/isdl/Bewerbungspraxis_2015.pdf. Zugegriffen: 13. Febr. 2016.

Wiedeking, L. (2015). Feelgood-Management: Professionelles Wohlfühlen am Arbeitsplatz. Stern.de vom 13.09.2015. http://www.stern.de/wirtschaft/news/feelgood-management-professionelles-wohlfuehlen-am-arbeitsplatz-6440128.html. Zugegriffen: 13. Febr. 2016.

Weiterführende Literatur

Alderfer, C. P. (1972). *Existence, relatedness, and growth; human needs in organizational settings*. New York: Free Press.

Csikszentmihalyi, M. (1975). *Beyond boredom and anxiety: Experiencing flow in work and play*. San Francisco: Jossey-Bass.

Haas, O. (2015). *Corporate Happiness als Führungssystem. Glückliche Menschen leisten gerne mehr* (Business & Success, 2, neu bearb. u. wesentlich. erw Aufl.). Berlin: Schmidt.

Hackman, J. R., & Oldham, G. R. (1975). Development of a job diagnostic survey. *Journal of Applied Psychology, 60,* 159–170.

Helliwell, J., Layard, R., & Sachs, J. (2016). *World Happiness Report 2016, Update* (Bd. I). New York: Sustainable Development Solutions Network.

Johann, T., & Möller, T. (2013). *Positive Psychologie im Beruf. Freude an Leistung entwickeln, fördern und umsetzen*. Dordrecht: Springer. http://gbv.eblib.com/patron/FullRecord.aspx?p=1317780.

McClelland, D. (1961). *The achieving society*. Princeton: Van Nostrand.

Rock, D. (2008). SCARF: A brain-based model for collaborating with and influencing others. *NeuroLeadership Journal, 1*(1), 44–52.

Ruckriegel, K., Niklewski, G., Haupt, A., & Rodenstock, R. (2015). *Gesundes Führen mit Erkenntnissen der Glücksforschung* (1. Aufl.). Freiburg: Haufe-Lexware.

Schramm, D., & Wetzel, S. (2010). Personalmanagement 2015 – Praktische Anforderungen und strategische Aktionsfelder. In D. Wagner & S. Herlt (Hrsg.), *Perspektiven des Personalmanagements 2015* (Unternehmerisches Personalmanagement, S. 55–86). Wiesbaden: Gabler & Springer Fachmedien.

Senge, P. M. (2006). *The fifth discipline: The art and practice of the learning organization*. New York: Currency Doubleday.